LA SANGRE

Su poder desde Génesis a Jesucristo y hasta nosotros

BENNY HINN

✦ EDITORIAL BETANIA

© 1994 EDITORIAL CARIBE
P.O. Box 141000
Nashville, TN 37214-1000

Título en inglés: *The Blood*
©1993 by *Benny Hinn*
Publicado por *Creation House*

ISBN: 0-88113-217-9

Traducido por *Miguel Mesías*.

E-mail: caribe@editorialcaribe.com
12ª Impresión

*Dedico este libro a mi esposa Suzanne,
la cual ha sido para mí una compañera
preciosa y maravillosa desde 1979.*

*Ella ha estado a mi lado, orando por mí y
respaldándome, y el Señor la ha usado
para bendecir mi vida en una
manera grande.*

Este libro no se hubiera podido escribir
sin la ayuda de algunos buenos amigos:

Stephen Strang, Neil Eskelin,
Deborah Poulalion, John Mason,
el Dr. J. Rodman Williams, Dudley Hall,
Sheryl Palmquist, el personal de la Casa
Creación y de Comunicaciones Strang,
mis colegas en el Centro Cristiano de
Orlando y muchos otros.

Gracias.

CONTENIDO

*«Entonces Jesús,
mirándole, le amó».
Marcos 10.21*

LO que menos me gusta hacer cuando estoy de vacaciones es ver algún programa cristiano de televisión.

Trabajo en televisión, de modo que encender el televisor —mientras estoy de vacaciones— no es otra cosa que cambiar el paso. Fue inusual, por tanto, que me detuviera para ver algo, especialmente un programa de Benny Hinn, puesto que realmente nunca antes me había dado tiempo para hacerlo. Ese hecho es, ahora, un recuerdo muy especial para mí.

No tenía ni idea de lo que Dios estaba a punto de hacer en mi corazón cuando dejé «recorrer» de un canal a otro en el televisor mediante el control remoto y empecé a notar, con un sentido de gratitud, la belleza del culto de adoración que se desarrollaba en el programa de Benny Hinn.

Benny tiene a tantos que aman su ministerio que es un poquito arriesgado siquiera sugerir que alguna vez tuve una impresión diferente de él. Puede sonar a crítica, a celos profesionales o simple y llanamente a hosquedad. Pero nunca he sentido esas cosas, ni me opuse a Benny Hinn.

Simplemente había estado atareado con mis propias responsabilidades y no tenía tiempo para: 1) darme cuenta más cabal de su ministerio o 2) preocuparme por quienes, en efecto, lo criticaban. En pocas palabras, no tenía ninguna relación con su persona ni sentimientos positivo o negativo respecto a él.

Excepto uno.

Si sentí que lo poco que había visto y oído indicaba que la mano de Dios estaba sobre él, incluso cuando a veces me quedé perplejo por su estilo: prácticas que distraían y que las noté al tropezar con alguno de sus programas cuando buscaba alguna otra cosa.

Pero ahora estaba prestando atención.

A medida que observaba el precioso espíritu de adoración, me arrellané en mi sillón, en la cabaña de montaña, en donde con mi esposa Anna estábamos de vacaciones, y empecé a entrar en la alabanza que se elevaba raudamente hacia el cielo. Jesús era el centro de atención. El nombre de Jesús era magníficamente glorificado y adorado. Y a medida que Benny dirigía el culto, pensé: «Este hombre es un instrumento en las manos del Espíritu Santo para conducir a la gente a la presencia de Dios».

Nunca antes le había visto dirigir a otros para adorar a Jesús, pero al hacerlo, algo ocurrió: Dios puso en mi corazón un amor fraternal por él. Fue tan clara y marcadamente una acción del Padre en mi alma, que más tarde pensé en las palabras de Marcos describiendo a Jesús cuando el joven vino a Él con sus preguntas: «Entonces Jesús, mirándole, le amó».

Con Benny nos habíamos encontrado alguna vez, brevemente, cuando él y su esposa me saludaron en un restaurante en Birmingham, Inglaterra. En esa ciudad estábamos predicando, cada uno por su lado. No había pues manera de decir que en realidad nos conocíamos.

De súbito, en ese momento de mis vacaciones, supe que Dios me había dado un sentido especial de afinidad con un hombre al que casi ni conocía; de hecho, alguien que más que cualquier otro que conocía estaba a menudo bajo la crítica, aun cuando yo no era ni enemigo ni tampoco amigo personal. Pero entonces, allí mismo, en ese día, «le amé» con un corazón lleno de gratitud a Dios, cuyo amor a menudo se derrama en nuestros corazones por sorpresa.

Es interesante mirar en retrospectiva esos momentos, aquellas ocasiones que todos experimentamos cuando el Espíritu Santo «trama» algo pero no tenemos idea de qué será.

Esa es la forma en que veo ese instante del verano de hace más de un año. No había manera de saber entonces que dentro de pocas semanas mi teléfono sonaría, y me hallaría conversando con Benny Hinn por primera vez.

Le corresponde al mismo Benny contar, alguna vez, los detalles de cómo Dios le guió a ponerse en contacto con un pequeño número de líderes —la mayoría de los cuales no sabían más de lo que yo le conocía—, y pedirles su consejo. Le admiré y le elogié por hacer eso, no porque fui uno de aquellos en los cuales confió lo suficiente como para pedirles consejo; sino porque no sé de nada más importante que pueden hacer los líderes espirituales: someterse unos a los otros.

Hacerlo así no es sustituir el consejo humano por la dirección del Espíritu Santo. Es reconocer sabiamente los hechos de nuestra humanidad y vulnerabilidad a tener actitudes independientes. Son esas actitudes las que abren la puerta a la proclividad que todos tenemos a la confusión, al fracaso, al error o la falta de sabiduría en cómo servimos en nuestra vocación personal.

—Hermano Hayford —dijo él—. Dios está bendiciendo mi ministerio de manera que nunca pude imaginar y nunca podría producir. Lo que me está ocurriendo es algo que sé que Él está haciendo, y siento que necesito hermanos a quienes pudiera acudir y pedirles su opinión. Todos hemos visto ministerios que fracasan debido a que no tienen a quién rendir cuentas. Y yo no quiero ser motivo de vergüenza para el cuerpo de Cristo. ¿Estaría dispuesto a permitirme que vaya a verle y pasar algún tiempo hablando con usted sobre los caminos y la obra de Dios?

Mientras él hablaba, sabía por qué el Espíritu Santo me había tocado el corazón en esos días. Conversamos, y le expresé amistosamente que estaba disponible:

—Benny, la mano de Dios está sobre usted para conducir a la gente a Su presencia. Me sentiré contento de hacer cualquier cosa que pueda ayudarle a mantener su ministerio enfocado, de modo que las personas se den cuenta más de Jesús que de usted, porque creo que eso es lo que realmente quiere.

Durante el año que ha pasado desde entonces, Benny Hinn ha testificado su deseo de renovar, en su ministerio, el enfoque en lo esencial de la verdad de la Palabra de Dios y eliminar cualquier cosa que pudiera distraerle de su prioridad: glorificar solamente a Jesucristo, nuestro amante y poderoso Salvador.

Huestes de líderes como yo, están confirmando este esfuerzo afirmativo de parte de un mensajero de la gracia de Dios a ser lo que ha sido llamado a ser. Alabado sea Dios por la humildad semejante a la de Cristo que está, pienso, abriendo la puerta a un ministerio vastamente ampliado de la vida y poder de Jesús por medio de un instrumento llamado Benny.

Este libro es uno de los hitos de este nuevo tiempo en su vida. No es solamente un enfoque concentrado en la esencia fundamental del evangelio, sino que también es una verdad fresca, ungida por el Espíritu a la cual Él —el Espíritu Santo— está procurando llamar la atención de todo el pueblo de Dios en este tiempo.

Solamente días antes de que Benny Hinn me invitara a escribir este prólogo, había experimentado algo que conmovió mi corazón de manera muy especial respecto a la sangre de Jesús. Tan profundo fue el avivamiento que yo había separado tiempo para estudiar y hacer planes para predicar una serie sobre este tema a mi rebaño en la Iglesia en el Camino.

Descubrir los planes para este libro profundizó mi convicción: *La sangre de Jesús es el tema primario que el Espíritu Santo tiene para la Iglesia de hoy.*

¿Por qué? Primero, *todo el poder* que fluye a la humanidad con gracia redentora y gloria fluye debido a la sangre de Jesús. Segundo, no puede haber *ninguna confusión* respecto a la persona u obra del Salvador en una atmósfera en donde se enseñan la sangre y la cruz a la luz de la Palabra de Dios. Y, tercero, *ningún poder* del infierno puede resistir la proclamación de la sangre de Jesús, sea declarada desde un púlpito o hablada en un hogar o a un corazón.

Estoy agradecido de que se haya escrito este libro. Es un testimonio de la verdad más grande conocida por la humanidad: que el Hijo de Dios ha declarado «Consumado es», y que *solamente* a través de Su sangre y cruz, Él ha quebrantado el poder del pecado, la muerte y el infierno. ¡Él es el Señor!

Es también un testimonio de la respuesta de un hombre al llamado de Dios a enfocar las prioridades que dirigirán a Jesús a todo oyente, espectador o lector; y los traerán a la presencia de Dios.

¡Gloria al Cordero que fue inmolado!

Jack W. Hayford, pastor
La Iglesia en el Camino
Van Nuys, California
Septiembre de 1993

La razón por la cual escribo
este libro se resume en las palabras
de R. A. Torrey:

*Debemos conocer el poder
de la sangre si hemos de conocer
el poder de Dios.
Nuestro conocimiento experimental
del poder de la Palabra,
del poder del Espíritu Santo
y del poder de la oración,
depende de nuestro
conocimiento del poder de
la sangre de Cristo.*[1]

UNO

PODER Y PROMESA

EL hecho de haber crecido en Israel me ha dado un profundo aprecio y respeto por el pueblo judío. Debido a su historia, tiene un vínculo emocional a su tierra que va más allá de toda descripción. Incontables judíos también continúan con las prácticas del Antiguo Testamento, incluso hasta el día de hoy.

Mi familia, sin embargo, no era judía. Mi madre, Clemencia, era descendiente de armenios. Y mi padre, Constandi, provenía de una familia que había emigrado de Grecia a Egipto y luego a Palestina. Un añadido a mi infancia multicultural: me bautizaron en la iglesia Ortodoxa Griega, hablaba francés en la escuela, árabe en nuestro hogar y hebreo fuera de casa.

Inmediatamente después de la Guerra de los Seis Días, en 1967, mi padre reunió a nuestra familia de ocho hijos y anunció que nos iríamos a otro país. Al año siguiente llegamos a Toronto, Canadá, apenas con unas pocas posesiones terrenales. Yo tenía dieciséis años.

Entonces, en 1972, mi vida fue transformada totalmente por un encuentro con Cristo en una reunión matutina de oración conducida por estudiantes en la escuela a la que asistía. En casa, después de la escuela, abrí las páginas de una enorme Biblia negra que no había sido usada por años. Después de leer de corrido los Evangelios a lo largo de varias horas terminé diciendo en voz alta: «Jesús, ven a mi corazón».

Le doy gracias a Dios porque Él lo hizo.

Esa semana fui con mis recientes amigos cristianos a su iglesia. Una multitud de creyentes se reunía cada jueves en la catedral de San Pablo, una iglesia anglicana en el centro de Toronto.

Nunca había oído a nadie hablar tan abiertamente respecto a la sangre de Cristo. Ellos cantaban: «Oh, ¡la sangre de Jesús!» Luego oraban: «Señor, ¡cúbrenos con Tu sangre!».

Si usted ha leído mi libro *Buenos días, Espíritu Santo*, sabe lo que ocurrió cuando tuve un encuentro personal con el Espíritu Santo justo antes de la navidad de 1973: Transformó totalmente mi vida. Y desde aquel momento la Biblia tomó una dimensión completamente nueva. Día tras día me absorbió la Escritura; y, el Espíritu Santo se convirtió en mi amigo y guía.

Cuando empecé a aprender, desde el pecado original hasta la cena de bodas del Cordero, era como una esponja sedienta. Y cuando algo no comprendía, le pedía al Espíritu Santo que me lo revelara. Allí fue cuando me di cuenta de que la relación de Dios al hombre es sostenida por un pacto de sangre.

Días de descubrimiento

Durante esos emocionantes días de creyente joven, asistía los domingos a una iglesia que estaba pastoreada por Maxwell Whyte, un sobresaliente maestro de la Palabra de Dios. El pastor Whyte fue el ministro que me bautizó en agua y se convirtió en mi mentor espiritual.

Uno de los temas constantes del pastor Whyte era la sangre de Cristo. Los recuentos que hacía del derramamiento del Espíritu Santo, a principios de siglo, nunca se borrarán de mi memoria. Contó la historia del poderoso movimiento del Espíritu Santo que vino sobre Kilsyth, Escocia, en 1908. El pastor Whyte dijo que la visitación vino espontáneamente, como resultado del reconocimiento del poder de la sangre de Jesús. Explicó: «Un hermano llamado John Ried, sentado en medio de un grupo de oración, de repente levantó sus manos, y dijo: "La sangre de Jesús"».

De inmediato el Espíritu Santo descendió sobre la reunión, y todos los que estaban en la habitación empezaron a recibir la experiencia pentecostal. El avivamiento se esparció por toda Inglaterra.[1]

En su libro *The Power of the Blood* [El poder de la sangre], el pastor Whyte relata su vida en Inglaterra durante la Segunda Guerra Mundial.

> Sufrimos muchas incursiones aéreas, durante las cuales las bombas caían por todas partes. Pero fuimos capaces de acostarnos con nuestros hijos y dormir a pesar de todo eso. La protección de la sangre de Jesús era tan real que parecía como que estuviéramos durmiendo en un sólido refugio. De hecho, solíamos referirnos a la Sangre como «el mejor refugio del mundo contra incursiones aéreas.[2]

El pastor Whyte dijo que cada noche, antes de retirarse a dormir, le pedían a Dios que los cubriera a ellos, a su casa y a sus hijos con la sangre. Una noche cayeron trece bombas a menos de un kilómetro de su hogar. Aparte de daños menores que sufrió la casa, todos estuvieron a salvo.

Recuerdo que decía vez tras vez a nuestra congregación: «Nunca he sabido que haya fallado la súplica activa y audible por la sangre».

Debido a su ministerio, mi interés por el poder de la sangre de Cristo creció y se multiplicó. Y empecé a estudiarlo por mí mismo para ver lo que la Palabra realmente decía.

Él dio su vida

Muchos años más tarde, después de que llegué a ser pastor del Centro Cristiano de Orlando, Florida, Dios me dio una comprensión del pacto de sangre que cambiaría por completo mi vida y ministerio.

Un sábado por la tarde me había quedado en casa para estudiar las Escrituras respecto al pacto de sangre para poder enseñarlo a mi congregación. Estaba sentado afuera, en el traspatio, orando y estudiando. «Señor, dame un entendimiento de la sangre», le pedí. En el instante en que lo dije sentí la presencia del Señor, y empecé a llorar.

Ese día, la sangre de Cristo cobró para mí un significado completamente nuevo. El Espíritu Santo empezó a mostrarme que la sangre de Jesús representa Su vida. Me di cuenta más que nunca que cuando Cristo vertió Su sangre en el Calvario, nos dio su propia *vida*. Y cuando le pedimos que nos lave y nos cubra con Su sangre, experimentamos Su poder que da vida.

A través de mi ministerio he visto que los cristianos tienen un conocimiento limitado de la redención. Como resultado, no han experimentado la libertad que Dios tiene para sus vidas.

Por ejemplo, muchos creyentes me dicen que satanás continúa oprimiéndolos. Les cae como sorpresa cuando les dijo que yo no he experimentado ninguna opresión satánica desde que empecé a pedirle a Dios que me cubriera con la sangre.

Antes de ello, en ocasiones me deprimía y sentía que mi mente quedaba bloqueada. Algunas veces, cuando oraba, sentía una horrible opresión que venía sobre mí. Tenía pesadillas y, en algunas ocasiones, sentía que había algo que literalmente me asfixiaba.

Pero cuando Dios me dio esa enorme comprensión de la sangre, y empecé a pedir, mediante la oración, que la sangre me cubriera, esa «cosa» fue quebrada por completo. Han pasado años desde la última vez que tuve esa clase de ataques.

Hay poder en la sangre de Jesús. No hay duda al respecto.

Sin embargo, la sangre no tiene poder «mágico» en sí misma. Su poder procede del Señor Jesús, y Él es quien actuará en su favor cuando usted se aplica Su sangre por medio de la oración.

Aplicamos la sangre de Jesús por medio de la oración y la fe. Pero es el Señor quien nos cubre; nosotros no.

¿Por qué he escrito este libro?

- Para abrir sus ojos a la importancia que Dios coloca sobre el tema del pacto de sangre.
- Para demostrar el poder de la sangre de Jesús.

- Para mostrarle cómo usted y yo podemos venir a la presencia de Dios mediante la sangre de Su Hijo.

- Para ayudarle a comprender la «gran» gracia que Dios derrama sobre nosotros debido a la sangre de Jesús.

- Para guiarle a una libertad más grande en Cristo de lo que usted jamás ha experimentado.

Este es un libro que quiero que lea con su Biblia abierta. Si Dios pone tanto énfasis en la sangre desde Génesis hasta Apocalipsis, hay un mensaje para usted en Su Palabra.

El cuadro completo

Cuando le pedí al Espíritu Santo que me diera una comprensión del pacto de sangre, tenía docenas de preguntas. Pero Él me dio las respuestas a partir de la Palabra, y quiero compartirlas con usted.

- ¿Qué quieren decir las Escrituras en Hebreos 12.24 cuando dice que «la sangre rociada que habla mejor que la de Abel»?

- ¿Por qué se rociaba siete veces con sangre al leproso (Levítico 14.7)?

- ¿Cómo puede aplicarse la sangre de Jesús a nuestras vidas hoy?

- ¿Cómo se relaciona la gracia de Dios a la sangre de Su Hijo?
- ¿Cómo puede la sangre de Cristo proveer protección para su casa y familia?
- ¿Qué enseñan las Escrituras respecto a la sangre de la cruz y al ungimiento?
- ¿Qué quiere decir Hebreos 9.12 cuando dice: «[...] por su propia sangre, entró una vez para siempre en el Lugar Santísimo, habiendo obtenido eterna redención»?
- ¿Cómo podemos usar la sangre de Jesús para derrotar al enemigo en nuestras vidas?

Es mi oración que al continuar leyendo y comprendiendo sobre el pacto de sangre, usted experimente la maravillosa presencia de Dios.

Hebreos
13: 5-6

DOS

DESDE EL PRINCIPIO

NUESTRA casa en Jaifa, Israel, parecía mucho más grande de lo que realmente era. Para aprovechar el terreno, el edificio estaba diseñado para tres familias, con un hogar separado en cada nivel.

En el piso de arriba vivía el señor Hanna y su familia. Era un libanés que se había casado con una mujer judía húngara. Pero el señor Hanna era más que vecino. Debido al lazo de amistad que se había establecido entre mi padre y él, llegó a ser un segundo padre para los ocho hijos de nuestra familia.

El señor Hanna y mi padre, Constandi, entraron en un pacto que nunca se borrará de mi memoria. Usando una cuchilla afilada como navaja de afeitar, cada uno hizo una incisión en su muñeca hasta que la sangre salió a la superficie. Luego unieron sus muñecas, apretadamente, colocando cada incisión una sobre la otra, y permitieron que la sangre se mezclara.

En la mesa, frente a ellos, había dos copas con vino. Mi papá sostuvo su muñeca sobre una de las copas y dejó que varias gotas de sangre cayeran en ella. El señor Hanna hizo lo mismo.

Luego mezclaron el vino y cada uno tomó de la copa del otro. En ese momento se convirtieron en hermanos de sangre. En la cultura oriental, y en muchos otros pueblos alrededor del mundo, es el vínculo más fuerte que jamás puede forjarse entre dos hombres.

Para esta clase de pacto, algunos orientales también firman un acuerdo escrito que dice: «Si tú quedas incapacitado para proveer para tus hijos, yo seré un padre para ellos y los sostendré. Si te enfermas o mueres, yo seré responsable por el bienestar de tu familia».

Es más que un pacto legal. Es un voto que se sella con sangre y que nunca será roto.

Cuando nuestra familia emigró de Israel a Canadá y yo me convertí en cristiano, el Espíritu Santo empezó a revelarme la Palabra de Dios. Yo había visto la influencia del pacto de sangre en la cultura oriental. Entonces el Espíritu Santo me mostró cuánto más poderoso es el pacto divino de sangre. Desde Génesis hasta Apocalipsis hay un torrente carmesí que es la fuente que da vida y poder, protección y promesa para usted y para mí hoy.

El aliento de vida

La historia de la creación en sí misma marca el principio del papel del pacto de sangre en el plan de Dios para la humanidad.

Nuestra creación fue un proceso en tres pasos.

Primero, «Jehová Dios formó al hombre del polvo de la tierra» (Génesis 2.7). Casi puedo verle tomando un poco de lodo en Sus manos y literalmente dándole forma. Creo que en ese mismo tiempo Dios creó nuestra sangre.

Segundo, Dios «sopló en su nariz aliento de vida» (Génesis 2.7). Pienso que en ese punto nuestros espíritus llegaron a existir. Las Escrituras a menudo representan al Espíritu de Dios como Su aliento. De modo que creo que Dios como Espíritu creó nuestros espíritus.

Tercero, «y fue el hombre un ser viviente» (Génesis 2.7). Después de que el hombre recibió su cuerpo y espíritu, entonces fue un individuo distinto (o un alma).

El espíritu, cuerpo y alma que Dios creó tienen una función distinta.

- El *espíritu* dentro de nosotros es la parte que conoce a Dios íntimamente. Está consciente de Dios.

- Nuestro *cuerpo* es la concha en la cual vivimos. Está consciente del mundo.

- El *alma* es nuestro intelecto, voluntad y emoción. Está consciente de sí misma.

Como un arqueólogo que desentierra un tesoro escondido, me llené de júbilo al estudiar la Palabra de Dios y darme cuenta de las partes distintas que Dios creó. Mi espíritu es la parte que tiene comunión con Dios; mi ser físico es la parte que está en contacto con las cosas terrenas de este mundo; y mi alma es la parte que siente, comprende, piensa y decide.

Creo que otra cosa maravillosa ocurrió en la creación. Levítico registra: «[...] la vida de la carne en la sangre está[...]» (Levítico 17.11). Por consiguiente, cuando Dios sopló el aliento de vida en Adán, creo que se le dio vida a su sangre.

Por siglos, la ciencia médica ha estudiado las poderosas funciones de la sangre. Saben que lleva oxígeno y alimento por todo nuestro cuerpo al circular por venas y arterias. También actúa como defensa frente a la infección. Pero hay mucho más que *no saben* respecto a la importancia que Dios coloca sobre la sangre.

Caos en el jardín

A medida que empezamos a captar el tremendo poder del pacto de sangre, es importante recordar lo que ocurrió en el jardín del Edén. Cuando Dios creó a Adán, éste era un ser perfecto. Tenía una mente tan magnífica que pudo ponerle nombre a cada animal y recordarlos.

En aquel tiempo el primer hombre y la primera mujer vivían en perfecta armonía con Dios. Él paseaba con ellos en el frescor del día. Tenían compañerismo y conocían a Dios íntimamente.

Pero un enemigo se agazapaba, acechando en el jardín.

> Pero la serpiente era astuta, más que todos los animales del campo que Jehová Dios había hecho; la cual dijo a la mujer: «¿Conque Dios os ha dicho: No comáis de todo árbol del huerto?» (Génesis 3.1).

Satanás era astuto y engañador. Vino a la mujer con una pregunta respecto a las instrucciones de Dios en cuanto a comer del árbol. Le preguntó: «[...] ¿Conque Dios os ha dicho: No comáis de todo árbol del huerto?» (Génesis 3.1).

El diablo esgrime esta arma de palabras debido a que quiere que dudemos de Dios, de su fidelidad, su amor, sus promesas y su poder. Le preguntaba a la mujer: «¿Dijo Dios realmente eso?»

La respuesta muestra que ella le creyó al tentador antes que a lo que Dios había dicho. Y desobedeció.

La mujer respondió a la serpiente: «Del fruto de los árboles del huerto podemos comer; pero del fruto del árbol que está en medio del huerto dijo Dios: No comeréis de él, ni le tocaréis, *para que no muráis*» (Génesis 3.2-3, cursivas añadidas).

Eva solamente dijo: «[...] para que no muráis», pero el Señor dijo: «[...] *ciertamente* morirás» (Génesis 2.17, cursivas añadidas).

Entonces satanás le mintió a la mujer, y le dijo:

«[...] No moriréis; sino que sabe Dios que el día que comáis de él, serán abiertos vuestros ojos, y seréis como Dios, sabiendo el bien y el mal» (Génesis 3.4-5).

Siempre ha sido el deseo de satanás ser como Dios. Las Escrituras registran que él dijo en su corazón: «[...] Subiré al cielo; en lo alto, junto a las estrellas de Dios, levantaré mi trono[...]» (Isaías 14.13).

Satanás había sido expulsado del cielo por tratar de ser como Dios. Ahora estaba intentando ofrecerle a la primera mujer la misma promesa de llegar a ser como Dios. Y no ha cesado. Miles de años más tarde, todavía sigue sembrando los mismos pensamientos en los corazones desprevenidos.

La carne y el diablo

La primera mujer no sólo cayó en la mentira, sino que también sedujo a Adán a que se le uniera, y el pecado original entró en el corazón del hombre.

Y vio la mujer que el árbol era bueno para comer, y que era agradable a los ojos, y árbol codiciable para alcanzar la

sabiduría; y tomó de su fruto, y comió;
y dio también a su marido, el cual comió
así como ella (Génesis 3.6).

En ese versículo de las Escrituras hallamos tres
de las grandes tentaciones que satanás usa:

1. El deseo de la carne. (El árbol era bueno para
comer.)

2. El deseo de los ojos. (Era agradable a los ojos.)

3. La vanagloria de la vida. (El árbol ofrecía
sabiduría.)

¿Por qué el enemigo pone en contra nuestra
estas formas de tentación? Su designio mortal es
arrastrarnos a un mundo de pecado. Pero se nos
advierte:

No améis al mundo, ni las cosas que están
en el mundo. Si alguno ama al mundo,
el amor del Padre no está en él. Porque
todo lo que hay en el mundo, los deseos
de la carne, los deseos de los ojos, y la
vanagloria de la vida, no proviene del
Padre, sino del mundo (1 Juan 2.15-16).

Satanás trató las mismas tres tentaciones durante su encuentro con Jesús en el desierto. Dijo: «Si
eres Hijo de Dios, di que estas piedras se convier-
tan en pan» (Mateo 4.3). ¿Qué le estaba ofrecien-
do? El deseo de la carne.

Cuando «le llevó el diablo a un monte muy alto,
y le mostró todos los reinos del mundo y la gloria

de ellos» (Mateo 4.8), estaba tentando a Jesús por el deseo de los ojos.

Y apeló a la vanagloria de la vida al decirle al Señor:

> [...] Si eres Hijo de Dios, échate abajo; porque escrito está:
>
> A sus ángeles mandará acerca de ti,

y,

> En sus manos te sostendrán,
>
> Para que no tropieces con tu pie en piedra (Mateo 4.6).

Incluso satanás sabía la Palabra. Le dijo a Jesús: «Escrito está», y citó el Salmo 91.11-12.

Pero Jesús sabía mejor la Palabra. Con la autoridad del cielo le dijo: «[...] Escrito está también: No tentarás al Señor tu Dios» (Mateo 4.7). En tres ocasiones distintas él dijo: «Escrito está» (Mateo 4.4,7,10). Jesús finalmente dijo:

> [...] Vete Satanás, porque escrito está: Al Señor tu Dios adorarás, y a Él sólo servirás (Mateo 4.10).

El enemigo sigue usando actualmente las mismas tácticas. Pero el Señor Jesús derrotó a satanás con el poder de la Palabra, y el mismo poder está disponible para nosotros hoy.

La Palabra de Dios es un arma poderosa contra los ataques del enemigo porque nos revela las condiciones y promesas del pacto divino de sangre. Desde el momento del pecado original, Dios introdujo el pacto de sangre como un medio de cubrirlo o de redención. Lo que sigue es cómo ocurrió.

TRES

LA COBERTURA

CUANDO Adán y su mujer cedieron a la seducción de satanás, «fueron abiertos los ojos de ambos, y conocieron que estaban desnudos; entonces cosieron hojas de higuera, y se hicieron delantales» (Génesis 3.7). El hecho de que hasta trataron de hacer ropas para sí mismos mostraba que se dieron cuenta de que necesitaban una cobertura.

En el instante en que cedieron a la tentación, perdieron la conciencia de Dios y adquirieron conciencia de sí mismos. Perdieron la vista de Dios y de Su gloria.

Estoy plenamente convencido de que antes de su caída, el primer hombre y la primera mujer no veían su desnudez física como vergonzosa. Tal vez no hayan tenido sobre sí los vestidos que usamos, pero creo que estaban cubiertos con la gloria de Dios.

Debido a que estaban acostumbrados a estar cubiertos por Dios, después de que pecaron se hicieron una cobertura para sí mismos (Génesis 3.7). Cuando alcanzaron una visión de sí mismos, se dieron cuenta de cuán vacíos y cuán expuestos realmente estaban e, incluso, «se escondieron de la presencia de Jehová Dios entre los árboles del huerto» (Génesis 3.8).

Las Escrituras declaran más adelante que oyeron la voz de Dios quien se paseaba por el jardín, al aire del día, diciendo: «¿Dónde estás tú?» (Génesis 3.9).

Y Adán contestó: «Oí tu voz en el huerto, y tuve miedo, porque estaba desnudo; y me escondí» (Génesis 3.10).

Dios quiso saber: «[...] ¿Quién te enseñó que estabas desnudo? ¿Has comido del árbol de que yo te mandé no comieses?» (Génesis 3.11).

Adán le echó la culpa a su mujer. Cuando Dios le dirigió la pregunta a la mujer, ella culpó al diablo. «La serpiente me engañó, y comí» (Génesis 3.13).

Maldiciones y juicios

Debido al pecado de Adán y Eva, Dios pronunció cinco maldiciones y juicios separados.

1. Dios maldijo a la serpiente: «Y Jehová Dios dijo a la serpiente: Por cuanto esto hiciste, maldita serás entre todas las bestias y entre todos los animales del campo; sobre tu pecho andarás, y polvo comerás todos los días de tu vida» (Génesis 3.14).

2. Dios pronunció juicio sobre Eva: «Multiplicaré en gran manera los dolores en tus preñeces; con dolor darás a luz los hijos» (Génesis 3.16).

3. El Señor condenó a Adán a una vida de dolor. «Por cuanto obedeciste a la voz de tu mujer, y comiste del árbol de que te mandé diciendo: No comerás de él; maldita será la tierra por tu causa; con dolor comerás de ella todos los días de tu vida» (Génesis 3.17).

4. Dios maldijo la tierra (Génesis 3.17). «Espinas y cardos te producirá» (Génesis 3.18).

5. Entonces el Señor sentenció a Adán a una muerte con el transcurso del tiempo. «Con el sudor de tu rostro comerás el pan hasta que vuelvas a la tierra, porque de ella fuiste tomado; pues pol-

vo eres, y al polvo volverás» (Génesis
3.19).

En medio del juicio divino, sin embargo, hay
una maravillosa promesa de redención. El Señor
le dijo a la serpiente:

> Y pondré enemistad entre ti y la mujer,
> y entre tu simiente y la simiente suya;
> ésta te herirá en la cabeza, y tú le herirás
> en el calcañar (Génesis 3.15).

El Señor declaró que iba a enviar la simiente de
la mujer para que trajera liberación. Fue una promesa cumplida en la conquista de Cristo en la cruz
sobre satanás. Y esa es una victoria que cada creyente comparte.

El primer sacrificio

Ahora, cuando todos esos acontecimientos tuvieron lugar, Dios hizo algo maravilloso. Inició el
primer sacrificio de sangre.

> Y Jehová Dios hizo al hombre y a su
> mujer túnicas de pieles, y los vistió (Gé-
> nesis 3.21).

Debemos recordar que Adán y Eva había huido
de la presencia de Dios y habían perdido Su gloria.
Estaban desnudos y avergonzados, intentando cu-
brirse con hojas.

Allí fue que Dios seleccionó algunos animales,
tal vez ovejas, y los mató.[1] Y con sus pieles cubrió
al hombre y a la mujer (Génesis 3.21). Creo que los
animales acababan de ser sacrificados y que las

pieles todavía estaban mojadas con la sangre cuando Dios las usó para cubrir a Adán y a Eva.

Por favor, nótese: El primer sacrificio que Dios hizo cubrió el pecado de Adán y Eva con sangre de animales. Como veremos, Su sacrificio final me cubrió a mí y lo cubrió a usted con la sangre de Su Hijo unigénito. Cuando la Biblia dice: «[...] La misma sangre hará expiación de la persona» (Levítico 17.11), la palabra *expiación* significa «cubrir». Por eso es que creo que el derramamiento de sangre tenía que ser una parte de la cobertura. Cuando Adán y Eva pecaron, perdieron su íntima comunión con Dios. Pero por medio del pacto en la sangre, Dios estaba declarando que sus pecados ya habían sido expiados. Un día la sangre restauraría la comunión y el gozo.

Desde el tiempo de Adán hasta el tiempo de Cristo, las Escrituras están llenas de relatos de cómo Dios entró en pactos de sangre con Su pueblo.

- El primer acto de Noé al salir del arca fue hacer un pacto de sangre con el Señor. «Y edificó Noé un altar a Jehová, y tomó de todo animal limpio y de toda ave limpia, y ofreció holocausto en el altar» (Génesis 8.20).

- A Abraham le dijo el Señor: «Este es mi pacto, que guardaréis entre mí y vosotros y tu descendencia después de ti: Será circuncidado todo varón de entre vosotros» (Génesis 17.10).

- Moisés, después de que Dios le entregó los mandamientos, reunió al pueblo y ofreció becerros como sacrificio: «Entonces tomó Moisés la sangre y roció sobre el pueblo, y dijo: He aquí la sangre del pacto que Jehová ha hecho con vosotros sobre todas estas cosas» (Éxodo 24.8).

- Abraham y Abimelec sellaron su relación con un pacto, y la separación de siete corderos (Génesis 21.22-32).

- El pacto entre Jacob y Labán fue sellado cuando «Jacob inmoló víctimas en el monte, y llamó a sus hermanos a comer pan; y comieron pan, y durmieron aquella noche en el monte» (Génesis 31.54).

Miles de personas han entrado en un pacto de sangre como el que hicieron mi padre y el Sr. Hanna. En el Antiguo Testamento era común que los hombres «cortaran un pacto» y lo hicieran mediante el derramamiento de sangre.

Relatos de pactos de sangre se hallan no solamente en las Escrituras, sino también en la historia. Todavía es una práctica en muchas tribus del Africa y en las sociedades de Asia, América del Sur y del Medio Oriente.

Se entra en un pacto-hasta-la-muerte por varias razones, desde unirse en una sociedad comercial hasta para proteger la tribu más débil de una más fuerte. En muchas instancias ha convertido a enemigos acérrimos en amigos de toda la vida.

Stanley y el jefe del clan

Henry Stanley fue un periodista que, en la década de 1870, viajó por las selvas del Africa en busca del afamado misionero David Livingstone.

En numerosas ocasiones, Stanley observó el rito de hermandad de sangre —o «amistades fuertes»— para protegerse en sus viajes. Una vez hizo un pacto con Mirambo, el jefe guerrero de Unyamwezi Occidental.

Stanley conoció al jefe guerrero cuando su expedición fue derrotada por las fuerzas de Mirambo durante su búsqueda inicial de Livingstone, en 1871. Comparó el liderazgo del jefe en la guerra con los de Napoleón y Federico el Grande.

Durante su segunda expedición exploratoria, Stanley tenía la esperanza de evadir por algún tiempo a Mirambo. Pero quedó impresionado por sus poderes, y decidió conocerlo. Quería hacer una fuerte amistad con él.

Se encontraron. Stanley quedó encantado con el jefe guerrero. El héroe africano y el heroico estadounidense acordaron forjar una amistad fuerte entre ambos.

Al «capitán en jefe» de Stanley, Manwa Sera, se le pidió que sellara la amistad de los dos hombres celebrando la ceremonia de hermandad de sangre entre ellos.

Mirambo y Stanley se sentaron frente a frente en un petate de paja. Sera hizo una incisión a cada uno en la pierna derecha, extrajo sangre de las heridas y la intercambió. Luego exclamó en voz alta:

> Si alguno de ustedes rompe esta hermandad que ahora queda establecida, que el león lo devore, que la serpiente le envenene, que su comida sea amarga, que sus amigos lo abandonen, que su rifle explote en sus manos y lo hiera, y que todo lo malo le acompañe hasta su muerte.

Y al final de la ceremonia, se dieron mutuamente regalos en la usual ratificación del pacto.

La misma sangre fluía en las venas de Stanley y de Mirambo. Eran hermanos y amigos en un pacto sagrado: vida por vida.[2]

Mas, este fue un rito pagano, y de ninguna manera tiene aprobación de las Escrituras. Pero miremos a la Biblia y veamos la manera en que Dios usó la sangre en los pactos con Su pueblo.

UN PACTO ETERNO

SIEMPRE me ha fascinado la historia de Caín y Abel, los primeros hijos de Adán y Eva. Tal vez eran gemelos. La Biblia dice que Eva concibió sólo una vez y que dio a luz dos veces.

Conoció Adán a su mujer Eva, la cual concibió y dio a luz a Caín, y dijo: Por voluntad de Jehová he adquirido varón. Después dio a luz a su hermano Abel[...] (Génesis 4.1-2).

Tal vez se parecían físicamente, pero escogieron diferentes ocupaciones.

> [...] Y Abel fue pastor de ovejas, y Caín fue labrador de la tierra (Génesis 4.2).

Después de lo que sus padres habían experimentado, fue natural que a los hijos se les enseñara a presentar ofrendas al Señor.

> Y aconteció andando el tiempo, que Caín trajo del fruto de la tierra una ofrenda a Jehová. Y Abel trajo también de los primogénitos de las ovejas, de lo más gordo de ellas[...] (Génesis 4.3-4).

Las Escrituras registran que «miró Jehová con agrado a Abel y a su ofrenda; pero no miró con agrado a Caín y a la ofrenda suya» (Génesis 4.4-5). ¿Cuál fue la diferencia? ¿Por qué Dios aceptó una ofrenda y rechazó la otra?

La respuesta se halla en Hebreos 11.4.

> Por la fe Abel ofreció a Dios más excelente sacrificio que Caín, por lo cual alcanzó testimonio de que era justo, dando Dios testimonio de sus ofrendas; y muerto, aún habla por ella.

Fue «por fe» que Abel ofreció un sacrificio de sangre al Señor. Sabemos que «la fe es por el oír» (Romanos 10.17), de modo que es razonable asumir que los dos hijos sabían del poder de la sangre debido a que sus padres les contaron de su experiencia en el jardín.

¿Cómo sabía Abel ofrecer un sacrificio de sangre? Creo que Adán y Eva les contaron a sus hijos lo que Dios esperaba. Creo que Dios dio al primer hombre y a la primera mujer una revelación del pacto de sangre cuando sacrificó a los animales y los vistió con las pieles que tal vez todavía chorreaban sangre (Génesis 3.21). Fue una señal de la redención y de la liberación que había de venir. Sin duda Eva se preguntaba: «¿A cuál de mis hijos herirá la serpiente en la cabeza?» (véase Génesis 3.15).

Ambos hijos sabían que Dios exigía un pacto de sangre. Por eso es que Dios le preguntó a Caín: «¿Por qué te has ensañado, y por qué ha decaído tu semblante? Si bien hicieres, ¿no serás enaltecido?» (Génesis 4.6-7). Caín sabía lo que era correcto, pero no lo hizo. En su lugar ofreció una ofrenda de vegetales, y Dios la rechazó.

Abel, sin embargo, fue obediente al Señor. Por fe ofreció un sacrificio animal: las «primicias» de su ganado. La sangre en sustitución fue ofrecida por Abel brotando de un corazón de amor y confianza. Abel se extendía para estar en pacto con el Señor.

Caín ofreció una ofrenda, pero no era lo que Dios requería. Hay una gran diferencia entre presentar lo que el Señor demanda, y simplemente dar un presente.

[...] ¿Se complace Jehová tanto en los holocaustos y víctimas, como en que se obedezca a las palabras de Jehová? Ciertamente el obedecer es mejor que los sacrificios[...] (1 Samuel 15.22).

Un acto inconcebible

¿Cuál fue la reacción de Caín ante la desaprobación de Dios?

[...] Y se ensañó Caín en gran manera, y decayó su semblante. Entonces Jehová dijo a Caín: ¿Por qué te has ensañado, y por qué ha decaído tu semblante? Si bien hicieres, ¿no serás enaltecido? y si no hicieres bien, el pecado está a la puerta; con todo esto, a ti será su deseo, y tú te enseñorearás de él (Génesis 4.5-7).

Esto es lo que Dios le estaba diciendo al hijo desobediente: «La elección es tuya. Puedes tomar la decisión de escoger entre lo correcto y lo errado». Es un mensaje que impregna todas las Escrituras. Tenemos poder sobre el pecado si andamos en fe y obediencia a Dios.

Pero Caín ignoró la advertencia de Dios y su próximo paso fue cometer un acto inconcebible.

Y dijo Caín a su hermano Abel: Salgamos al campo. Y aconteció que estando ellos en el campo, Caín se levantó contra su hermano Abel, y lo mató (Génesis 4.8).

El primer asesinato que figura en la Biblia fue cometido con engaño deliberado. Caín invitó a su hermano, quien no sospechaba nada, a salir al campo, y allí le quitó la vida. El asesinato fue también el resultado de la desobediencia espiritual. Se rebeló contra el hecho de presentar un pacto de sangre al Señor.

¡Qué contraste! La Palabra nos dice «que nos amemos unos a otros. No como Caín, que era del maligno y mató a su hermano. ¿Y por qué causa le mató? Porque sus obras eran malas, y las de su hermano justas» (1 Juan 3.11-12).

Inmediatamente después del trágico suceso, el Señor le preguntó a Caín: «¿Dónde está Abel tu hermano? Y él respondió: No sé. ¿Soy yo acaso guarda de mi hermano?» (Génesis 4.9).

Como dice mi buen amigo Carlton Pearson de Tulsa, Oklahoma: «Si no eres el guarda de tu hermano, eres el asesino de tu hermano».

La respuesta de Caín fue más que una mentira descarada: una declaración de indiferencia, de desdén.

Una vez más Dios le habló a Caín, y le preguntó: «¿Qué has hecho? La voz de la sangre de tu hermano clama a mí desde la tierra» (Génesis 4.10).

La sangre de Abel clamaba porque se hiciera justicia. La sangre de Jesús, hablando de mejores cosas, pregona que se ha hecho justicia y que nuestros pecados han sido perdonados. La sangre de Abel clama venganza; la sangre de Jesús suplica perdón y restauración.

Como cristianos hemos venido «a Jesús el Mediador del nuevo pacto, y a la sangre rociada que habla mejor que la de Abel» (Hebreos 12.24).

Debido a su pecado, Caín nunca pudo conocer la bendición de Dios. El Señor proclamó este juicio:

> Ahora, pues, maldito seas tú de la tierra,
> que abrió su boca para recibir de tu ma-
> no la sangre de tu hermano. Cuando
> labres la tierra, no te volverá a dar su
> fuerza; errante y extranjero serás en la
> tierra (Génesis 4.11-12).

Amigo mío, no rechace el mensaje de la sangre.
No vale la pena arriesgarse. A Caín se le aplicó el
castigo por mucho más que el asesinato de su
hermano. Fue también porque desobedeció la revelación del pacto de sangre de Dios. Los que
rechazan el pacto de Dios están en peligro de
convertirse en errabundos sin esperanza, eterna-
mente perdidos.

La Biblia deja bien en claro que si rechazamos la
sangre de Cristo, hemos ofendido al Espíritu Santo.

> El que viola la ley de Moisés, por el
> testimonio de dos o de tres testigos mue-
> re irremisiblemente. ¿Cuánto mayor
> castigo pensáis que merecerá el que pi-
> soteare al Hijo de Dios, y tuviere por
> inmunda la sangre del pacto en la cual
> fue santificado, e hiciere afrenta al Espí-
> ritu de gracia? (Hebreos 12.28-29).

La sangre no es un tema para ser esquivado,
ignorado o rebatido. Siempre es nuestro vínculo
vital con Dios.

La promesa

El pacto más grande de sangre establecido en el Antiguo Testamento se llama el pacto abrahámico.

> Era Abram de edad de noventa y nueve años, cuando le apareció Jehová y le dijo: Yo soy el Dios Todopoderoso; anda delante de mí y sé perfecto. Y pondré mi pacto entre mí y ti, y te multiplicaré en gran manera (Génesis 17.1-2).

Abraham «se postró sobre su rostro, y Dios habló con él, diciendo: He aquí mi pacto es contigo, y serás padre de muchedumbre de gentes» (Génesis 17.3-4).

Dios sabía que Su siervo estaba a punto de convertirse en un hombre transformado, y hasta le cambió su nombre.

> Y no se llamará más tu nombre Abram, sino que será tu nombre Abraham, porque te he puesto por padre de muchedumbre de gentes (Génesis 17.5).

Dios le dio un nuevo nombre a Abraham, y éste se convirtió en un hombre diferente. La relación de Abraham al Señor también cambió tanto que el Señor ahora sería llamado el «Dios de Abraham». Un pacto de sangre con Dios transforma las vidas. Entonces Dios le dijo a Abraham:

> Y te multiplicaré en gran manera, y haré naciones de ti, y reyes saldrán de ti. Y estableceré mi pacto entre mí y ti, y tu

descendencia después de ti en sus generaciones, por pacto perpetuo, para ser tu Dios, y el de tu descendencia después de ti (Génesis 17.6-7).

El Señor también le prometió darle a Abraham y a sus descendientes «la tierra de Canaán en heredad perpetua», si ellos guardaban el pacto (Génesis 17.8-9).

Pero más importante, este pacto estaría marcado por el derramamiento de sangre.

Este es mi pacto, que guardaréis entre mí y vosotros y tu descendencia después de ti: Será circuncidado todo varón de entre vosotros. Circuncidaréis, pues, la carne de vuestro prepucio, y será por señal del pacto entre mí y vosotros (Génesis 17.10-11).

¿Cuál fue la señal del pacto abrahámico? La circuncisión. Todo niño varón debía ser sometido a este rito cuando tenía ocho días de edad. Como resultado no solamente entraría en el pacto, sino que también tomaría parte de las promesas de Dios a Abraham.

Dios honró el pacto al punto que, incluso a su avanzada edad, Abraham pudo procrear un hijo. Sara, su esposa, que tenía noventa años, concibió y dio a luz un hijo. Le pusieron por nombre Isaac.

La prueba máxima

Después de que Isaac nació, Dios escogió probar la fe de Abraham en la promesa del pacto de hacerle padre de una gran nación.

> Aconteció después de estas cosas, que probó Dios a Abraham, y le dijo: Abraham. Y él respondió: Heme aquí. Y dijo: Toma ahora tu hijo, tu único, Isaac, a quien amas, y vete a tierra de Moriah, y ofrécelo allí en holocausto sobre uno de los montes que yo te diré (Génesis 22.1-2).

El Señor estaba sometiendo a Abraham a la prueba máxima. Cuando satanás nos tienta, quiere provocarnos a hacer el mal. Cuando Dios nos prueba, busca reforzar, fortalecer y acrecentar nuestro compromiso y dedicación. Recuerde la diferencia: Dios nos *prueba*. Satanás nos *tienta*.

No hay duda alguna que los verdaderos afectos de Abraham estaban a punto de mostrarse. ¿A quién amaba más? ¿A Isaac o a Dios? Después de todo, el niño le había sido dado como un milagro. ¿Amaría más al don que al Dador del don? La Biblia dice:

> Y Abraham se levantó muy de mañana, y enalbardó su asno, y tomó consigo dos siervos suyos, y a Isaac su hijo; y cortó leña para el holocausto, y se levantó, y fue al lugar que Dios le dijo. Al tercer día alzó Abraham sus ojos, y vio el lugar de lejos. Entonces dijo Abraham a sus sier-

> vos: Esperad aquí con el asno, y yo y el muchacho iremos hasta allí y adoraremos, y volveremos a vosotros (Génesis 22.3-5).

¿Cómo pudo Abraham declarar: «volveremos a vosotros»? Tenía fe total en Dios, porque Dios le había prometido: «En Isaac te será llamada descendencia» (Génesis 21.12). Creyó que «Dios es poderoso para levantar aun de entre los muertos» (Hebreos 11.19).

Esa fue la gran fe en Dios de parte de un hombre que no tenía ni idea de lo que iba a ocurrir en esa montaña.

Como padre de cuatro hijos, mi corazón se conmueve al leer el relato de su conversación.

> Y tomó Abraham la leña del holocausto, y la puso sobre Isaac su hijo, y él tomó en su mano el fuego y el cuchillo; y fueron ambos juntos. Entonces habló Isaac a Abraham su padre, y dijo: Padre mío. Y él respondió: Heme aquí, mi hijo. Y él dijo: He aquí el fuego y la leña; mas, ¿dónde está el cordero para el holocausto? Y respondió Abraham: Dios se proveerá de cordero para el holocausto, hijo mío. E iban juntos (Génesis 22.6-8).

Cuando llegaron al lugar designado, Abraham edificó un altar y colocó la leña en orden. Isaac debe haber estado también lleno de fe. Las Escrituras no mencionan ninguna resistencia cuando

Abraham «ató a Isaac su hijo, y lo puso en el altar sobre la leña» (Génesis 22.9).

Sólo puedo imaginar las emociones que cada uno de ellos sentía cuando «extendió Abraham su mano y tomó el cuchillo para degollar a su hijo» (Génesis 22.10).

> Entonces el ángel de Jehová le dio voces desde el cielo, y dijo: Abraham, Abraham. Y él respondió: Heme aquí. Y dijo: No extiendas tu mano sobre el muchacho, ni le hagas nada; porque ya conozco que temes a Dios, por cuanto no me rehusaste tu hijo, tu único (Génesis 22.11-12).

Abraham había pasado la prueba de Dios. Escogió al Dador por sobre el don dado. Pero la ofrenda de sangre todavía debía ser presentada.

> Entonces alzó Abraham sus ojos y miró, y he aquí a sus espaldas un carnero trabado en un zarzal por sus cuernos; y fue Abraham y tomó el carnero, y lo ofreció en holocausto en lugar de su hijo (Génesis 22.13).

Cuando demostramos nuestra fe en Dios mediante nuestra obediencia, Él no solamente *promete* proveer para nosotros: ¡Él *lo proveerá!*

Entonces el ángel del Señor llamó a Abraham la segunda vez, y le dijo:

> [...] por cuanto has hecho esto, y no me has rehusado tu hijo, tu único hijo; de

cierto te bendeciré, y multiplicaré tu descendencia como las estrellas del cielo y como la arena que está a la orilla del mar; y tu descendencia poseerá las puertas de sus enemigos (Génesis 22.16-17).

Debido a la fe y obediencia de Abraham, Dios cumplió Su promesa de hacerle el padre de una gran nación.

El éxodo

Mientras estudiaba el pacto de sangre hace muchos años, el Señor me mostró algo muy emocionante: debido al pacto abrahámico fue que Dios sacó a Israel de Egipto.

Aconteció que después de muchos días murió el rey de Egipto, y los hijos de Israel gemían a causa de la servidumbre, y clamaron; y subió a Dios el clamor de ellos con motivo de su servidumbre. Y oyó Dios el gemido de ellos, y se acordó de su pacto con Abraham, Isaac y Jacob (Éxodo 2.23-24).

Moisés, antes de dirigir el gran éxodo, aprendió que Dios castigaba a aquellos que no guardan el pacto. Evidentemente Moisés no circuncidó a uno de sus dos hijos. Durante un viaje a la casa de su suegro en Egipto, «aconteció en el camino, que en una posada Jehová le salió al encuentro, y quiso matarlo» (Éxodo 4.24). El texto no es claro en cuanto a si Dios quiso destruir a Moisés o al hijo.

Pero es claro que Séfora, la esposa de Moisés, sabía lo que causó la ira de Dios. Ella «tomó un pedernal afilado y cortó el prepucio de su hijo, y lo echó a sus pies[...] Así le dejó luego ir» (Éxodo 4.25-26).

Fue una lección que el gran líder jamás olvidaría. Dios no honra a ningún hombre que ha roto Su pacto.

Al conducir Moisés a los hijos de Israel por el desierto, el pacto fue la fuerza cohesiva que mantuvo unida a la gran muchedumbre. Los Diez Mandamientos fueron mucho más que leyes por las cuales vivir. Llegaron a ser conocidos como la ley del pacto.

Trate de imaginarse cómo habrá sido cuando Moisés descendió del monte Sinaí y se dirigió a casi dos millones de israelitas que esperaban.

Moisés le contó al pueblo lo que Dios había declarado y «todo el pueblo respondió a una voz, y dijo: Haremos todas las palabras que Jehová ha dicho» (Éxodo 24.3). Fue un paso importante hacia un nuevo pacto de sangre entre Dios y Su pueblo.

En la siguiente mañana, Moisés construyó un altar al pie del monte.

> Y envió jóvenes de los hijos de Israel, los cuales ofrecieron holocaustos y becerros como sacrificios de paz a Jehová. Y Moisés tomó la mitad de la sangre, y la puso en tazones, y esparció la otra mitad de la sangre sobre el altar. Y tomó el libro del pacto y lo leyó a oídos del pueblo, el cual dijo: Haremos todas las cosas que

Jehová ha dicho, y obedeceremos (Éxodo 24.5-7).

Luego, de pie frente a la enorme multitud, «Moisés tomó la sangre y roció sobre el pueblo, y dijo: He aquí la sangre del pacto que Jehová ha hecho con vosotros sobre todas estas cosas» (Éxodo 24.8).

Incluso el mismo pacto escrito fue consagrado. El escritor de Hebreos dice que Moisés «tomó la sangre de los becerros y de los machos cabríos, con agua, lana escarlata e hisopo, y roció el mismo libro y también a todo el pueblo» (Hebreos 9.19).

Cuando honramos nuestro pacto con Dios, Dios nos honrará. La asombrosa historia del peregrinaje de Israel por el desierto da testimonio de tal hecho.

> [Dios] te sustentó con maná[...] Tu vestido nunca se envejeció sobre ti, ni el pie se te ha hinchado en estos cuarenta años (Deuteronomio 8.3-4).

¿Por qué Dios protegió y proveyó para los hijos de Israel? Debido a que era el pueblo del pacto.

En el siguiente capítulo quiero mostrarle cómo la sangre de Jesús nos protege de satanás hoy.

CINCO

LA PROMESA DE PROTECCIÓN

EN 1975, más o menos un año después de que empecé a predicar, me invitaron a viajar a la costa oriental de Florida para ministrar. Uno de los cultos se celebró en Indian Harbor Beach, Florida, en la casa de mi amigo John Arnott, quien ahora es pastor de la Comunidad Cristiana de la Viña, en Toronto.

Al concluir mis comentarios, invité a quienes necesitaban oración a que pasaran al frente. Una mujer trajo a su hija adolescente y me pidió que orara por la muchacha. Cuando empecé a orar, oí claramente la voz del Señor que me instruía a hacer algo que no entendí. Él dijo: «¡Quítale el anillo del dedo!»

Me quedé perplejo y pensé: *¿Qué tiene que ver el anillo con mi oración por ella?*

Empecé a cuestionar la voz. Me preguntaba: *¿Es realmente de Dios?*

Al mirar el semblante de la joven, pude ver un alma en profunda esclavitud. Cuando Dios repitió las palabras, extendí mi brazo y la tomé de la mano preguntándole: «¿Qué es este anillo que tienes puesto en tu dedo?»

Levanté su mano y la acerqué a mí para observar la cinta de plata que rodeaba su dedo. El anillo tenía una pequeña culebra grabada, mostraba la cabeza y el cuerpo enroscado. Cuando miré de nuevo a la muchacha, su semblante mostraba una expresión de sorpresa, como si dijera: «¿Qué más da? Adelante, y ore por mí».

Yo estaba más perplejo que ella. Todo lo que sabía era que el Señor había dicho: «¡Quítale el anillo!»

Puedo recordar aún con nitidez este encuentro insólito. Con mi pulgar y dos de mis dedos traté de sacarle el anillo. Estaba flojo, pero por alguna razón ni siquiera se movió. Al tratar de continuar halando el anillo, ella empezó a gritar. Fue un alarido fortísimo, aterrorizador. Todos los músculos de su cuerpo se pusieron en tensión.

Entonces una voz horrible, gutural, habló por medio de ella, produciéndome un escalofrío que me caló hasta la médula: «¡Déjala quieta!», gritaba la voz. «¡Ella es mía!»

Cuando oí esas palabras supe que Dios me había dado las instrucciones correctas.

Sentí una santa cólera dentro de mí porque supe que estaba luchando contra el poder de satanás. Continué, procurando sacarle el anillo. Dos de los hombres en la habitación pudieron ver lo que estaba ocurriendo. Y me sostuvieron de los hombros mientras libraba esta espeluznante, pero necesaria, batalla durante quince o veinte minutos.

Por encima de sus alaridos, finalmente yo clamé: «¡Te aplico la sangre de Jesucristo!»

Al momento en que dije esas palabras, el anillo salió de su dedo. El cuerpo rígido de la muchacha se aflojó y sus alaridos se convirtieron en un suspiro de alivio. Estaba completamente liberada y le pidió a Cristo que entrara en su corazón. Creo que el poder de la sangre de Jesucristo cancela cualquier pacto hecho con el poder del infierno.

Tal vez usted diga: Benny, ¿cree usted que el anillo tenía algo que ver con su condición? Sí. Siendo que ese anillo simbolizaba su rebelión contra Dios, creo que era una expresión de un compromiso con las fuerzas del mal. La historia de una de las peores derrotas de Israel me ayudó a entender el peligro de objetos que guardamos en desobediencia a los mandamientos de Dios.

¡Deshágase de ellos!

En la famosa victoria de los israelitas sobre Jericó, Dios le instruyó a Josué que ordenara a su ejército que no tomara nada del botín. Les dijo que no tomaran nada de las riquezas de Jericó, «no sea que hagáis anatema el campamento de Israel, y lo turbéis» (Josué 6.18).

En la próxima batalla, en la ciudad de Hai, los hombres de Josué fueron casi aniquilados. Josué rasgó sus vestidos y le preguntó al Señor: «¿Por qué?»

El Señor le dijo:

> Israel ha pecado, y aun han quebrantado mi pacto que yo les mandé; y también han tomado del anatema, y hasta han hurtado, han mentido, y aun lo han guardado entre sus enseres (Josué 7.11).

El soldado ofensor era Acán, de la tribu de Judá.

> Y Acán respondió a Josué diciendo: Verdaderamente yo he pecado contra Jehová el Dios de Israel, y así y así he hecho. Pues vi entre los despojos un manto babilónico muy bueno, y doscientos siclos de plata, y un lingote de oro de peso de cincuenta siclos, lo cual codicié y tomé[...] (Josué 7.20-21).

Solamente cuando Acán, su familia y los artículos robados fueron destruidos, la maldición sobre Israel fue levantada y el pacto restaurado. Josué y sus hombres pudieron capturar la ciudad de Hai (Josué 7.25; 8.1-18).

El mensaje de Dios es claro. Cuidado con lo que usted permite en su hogar, porque algunas cosas traen esclavitud. Para Acán fue un manto babilónico. Para la muchacha, en Florida, era un anillo satánico.

Creo que la protección de Dios se retira cuando usted posee algo que va en contra de Sus mandamientos. Es muy claro el pasaje de Josué 7.10-12: usted no debe tener nada maldito en su casa. Dios dijo a los hijos de Israel:

> [...] Ni estaré más con vosotros, si no destruyereis el anatema de en medio de vosotros (Josué 7.12).

Si viaja a lugares tales como Filipinas o Africa, como yo lo he hecho, usted verá con sus propios ojos que los objetos satánicos tienen poder.

Por supuesto, creo que en los Estados Unidos también la gente se presta para el poder demoníaco cada vez que leen sus horóscopos, que llaman por teléfono a los adivinos y síquicos, que se hacen leer la palma de la mano, que ven programas de televisión demoníacos o películas de igual contenido o que participan en ciertos juegos de tablero.

Estas cosas abren la puerta a la actividad demoníaca. Mi mejor consejo es que lea su Biblia y escuche la voz del Espíritu Santo instruyéndole a que evite estas cosas.

Si usted posee algo que Dios no aprueba, deshágase de ello.

Protección de plagas

Las plagas en Egipto muestran cómo Dios protege a los que han hecho un pacto de sangre con Él.

Cuando los hijos de Israel estaban todavía como esclavos en Egipto, clamaron al Señor por liberación. El Señor levantó a Moisés, quien fue ante el Faraón y le dijo: «Jehová el Dios de los hebreos me ha enviado a ti, diciendo: Deja ir a mi pueblo» (Éxodo 7.16).

Pero Faraón rehusó.

El mismo día, Dios convirtió el agua del río Nilo en sangre, pero Faraón no quiso escuchar (Éxodo 7.20).

Luego, el Señor envió plagas de ranas, piojos, moscas, enfermedades en el ganado, tumores, granizo, langosta y tinieblas sobre la tierra.

Finalmente, Dios le dijo a Moisés que advirtiera a Faraón respecto a una plaga más.

[...] A la medianoche yo saldré por en medio de Egipto, y morirá todo primogénito en tierra de Egipto, desde el primogénito de Faraón que se sienta en su trono, hasta el primogénito de la sierva que está tras el molino[...] (Éxodo 11.4-5).

De nuevo, Faraón rehusó dejar al pueblo salir.

Dios le dijo a Moisés que el tiempo había llegado para la liberación de los hijos de Israel. Era un evento tan impetuoso que hasta su calendario cambiaría. El Señor dijo: «Este mes os será principio de los meses; para vosotros será éste el primero de los meses del año» (Éxodo 12.2).

Dios dijo: «Será principio», aun cuando estaban dejando una tierra que había sido casi destruida.

El Señor le dijo a Moisés cómo los hijos de Israel serían librados de la muerte de los primogénitos.

Cada familia debía seguir estas siete instrucciones:

1. Escoger un cordero o un cabrito de un año, sin defecto (Éxodo 12.3-5).

2. Unirse entre familias pequeñas que no podían usar un cordero entero (Éxodo 12.4).

3. Guardar el cordero por cuatro días antes de matarlo (Éxodo 12.6).

4. El jefe de la familia debía matar al cordero al anochecer del día catorce del mes (Éxodo 12.6).

5. Untar la sangre del cordero en el dintel y los postes de las puertas de la casa (Éxodo 12.7).

6. Asar el cordero esa noche y comerlo con hierbas amargas y pan sin levadura (Éxodo 12.8).

7. Comer la comida apresuradamente, con sus vestidos ceñidos bajo su cinturón, con las sandalias en sus pies y sus bordones en su mano (Éxodo 12.11).

Dios les dijo que se prepararan porque Él pasaría sobre la tierra.

> Pues yo pasaré aquella noche por la tierra de Egipto, y heriré a todo primogénito en la tierra de Egipto, así de los hombres como de las bestias; y ejecutaré mis juicios en todos los dioses de Egipto. Yo Jehová (Éxodo 12.12).

Entonces el Señor hizo esta promesa:

> Y la *sangre* os será por señal en las casas donde vosotros estéis; y veré la *sangre* y pasaré de vosotros, y no habrá en vosotros plaga de mortandad cuando hiera la tierra de Egipto (Éxodo 12.13, cursivas añadidas).

A medianoche, en la Pascua, el primogénito de toda hogar egipcio murió. Los lamentos se oyeron por toda la tierra, incluso antes de que el sol se levantara (Éxodo 12.29-30). Pero, en las casas de los israelitas, no había ningún muerto.

Esa primera Pascua fue una sombra de lo que ocurriría un día en una colina llamada Calvario. Porque en el Calvario «nuestra pascua, que es Cristo, ya fue sacrificada por nosotros» (1 Corintios 5.7). Allí fuimos redimidos «con la sangre preciosa de Cristo, como de un cordero sin mancha y sin contaminación» (1 Pedro 1.19).

Ayuda para su familia

¿Por qué les dijo el Señor a los israelitas que seleccionaran un cordero por cada familia (Éxodo 12.3)? Creo que es debido a que las bendiciones del pacto de Dios pueden conducir a salvación para una familia entera.

¿Recuerda lo que Dios le dijo a Noé? Le dijo: «[...] Entra tú y toda tu casa en el arca; porque a ti he visto justo delante de mí en esta generación» (Génesis 7.1). Noé era el único hombre puro y virtuoso que Dios pudo encontrar. Sin embargo, Dios le dijo que toda su familia encontraría protección debido a sus acciones.

También, en Génesis 19.29 hallamos que Dios libró a Lot de la destrucción en Sodoma debido a su pacto con Abraham. El pasaje dice: «Dios se acordó de Abraham, y envió fuera a Lot de en medio de la destrucción» (Génesis 19.29).

Siglos más tarde, el carcelero filipense les preguntó a Pablo y a Silas: «Señores, ¿qué debo hacer para ser salvo?» (Hechos 16.30).

Le dijeron: «Cree en el Señor Jesucristo, y serás salvo, tú y tu casa» (Hechos 16.31).

Creo que el Señor pone una gracia especial y protección sobre una casa entera debido a una persona que entra en Su reino (véase 1 Corintios 7.14).

Permítame decirle cómo ocurrió eso en mi propia vida.

LA SANGRE
APLICADA

DE mi infancia, en Israel, recuerdo que nuestra familia estaba involucrada en actividades que complacían más a satanás que a Dios. No me daba cuenta de ello, en ese tiempo. Pero aún puedo recordar lo que llamábamos «andar por el fuego». Se encendía una pequeña llama en un recipiente y se echaba allí incienso. Entonces, todos los niños de nuestra familia caminábamos por encima. Se nos enseñó que tales prácticas mantendrían lejos al diablo.

Incluso, después de que llegué a ser cristiano, mis padres continuaban la práctica en nuestra casa. Yo era el único que me oponía a eso.

Regularmente una adivina visitaba nuestra casa para leerle la palma de la mano a mi madre. En Toronto, una mujer llamada Victoria, solía venir a «leerle» la borra del café.

La mayoría de los israelíes beben café fuerte en tacitas pequeñas. Al acabarse el líquido, en el fondo de la taza quedan residuos del café molido. Al vaciar esos residuos, los granitos forman cierta figura. La mujer, supuestamente experta en tales asuntos, venía para «leer» la figura y predecir lo que iba a ocurrir.

Cuando traté de advertir a mi familia de que estas actividades eran peligrosas, simplemente se rieron de mí.

Recuerdo una noche en particular —más de dos años después de que le di mi vida a Cristo— cuando regresé de la iglesia. En la casa se percibía una sensación extraña, opresiva. Cuando me metí en la cama, oí ruidos en el piso bajo: la puerta del refrigerador era cerrada violentamente, platos que se quebraban y el sonido de una risa horripilante.

Inmediatamente dije: *Señor, cúbreme con tu sangre. Por favor, protégeme.*

Entonces oí pisadas de alguien que salía a la carrera de la casa por la puerta trasera.

Bajé las escaleras. No había nadie allí. Algunos tal vez no comprendan esto, pero el poder del demonio es muy real. Las Escrituras tienen mucho que decir respecto a cómo operan los demonios. Mateo 12.43-45 indica que los demonios:

- se cansan,

- recuerdan,

- tienen inteligencia y

- trabajan juntos.

Muchos otros relatos en los Evangelios y Hechos nos muestran que son reales (Lucas 4.36; 8.26-37; Hechos 19.13-16). Pero recuerde, mediante el Señor Jesucristo y Su poderoso nombre tenemos autoridad sobre ellos. Lucas 10.19 dice:

> He aquí os doy potestad de hollar serpientes y escorpiones, y sobre toda fuerza del enemigo, y nada os dañará.

Además, Juan escribió:

> [...] Mayor es el que está en vosotros, que el que está en el mundo (1 Juan 4.4).

Después de ese incidente, empecé a orar con gran fervor que todo miembro de mi familia hallara a Cristo.

Entonces, un día el Señor me dijo: «Usa tu autoridad como creyente».

Me estaba diciendo que como cristiano yo tenía autoridad sobre satanás.

Como dice en Apocalipsis 12.10-11:

> [...] Ha sido lanzado fuera el acusador de nuestros hermanos, el que los acusaba delante de nuestro Dios día y noche. Y ellos le han vencido por medio de la sangre del Cordero y de la palabra del testimonio de ellos[...]

Empecé a ordenar a satanás que quitara sus manos de mi familia.

Más tarde me enteré que esa misma noche el Señor se apareció a mi madre en un sueño tan poderoso que ella dejó de invitar a las adivinas a nuestra casa.

No pasó mucho tiempo, y un día mis padres vinieron a la pequeña iglesia a oírme predicar el evangelio. Cuando regresé a casa, después del culto, me estaban esperando. Mi padre me preguntó: «Benny, ¿cómo puedo conocer al mismo Jesús que tú conoces?»

Pude conducir a mis padres a Cristo. Y, uno por uno, todos mis hermanos y hermanas nacieron a la familia de Dios.

Como creyentes necesitamos ordenarle a satanás que quite sus manos de nuestra familia y de nuestros seres queridos.

Tal vez tenga familiares que no son salvos. No se desanime. Por usted se extiende sobre su familia una gracia especial que es más poderosa que cualquier cosa que podamos percibir.

Un cerco de protección

Creo que cuando usted le pide al Señor que cubra a su familia con la sangre de Su Hijo, Dios construye un cerco de protección alrededor de su hogar. Eso es lo que hizo por Job.

La Biblia afirma que Job era un hombre justo, «perfecto y recto, temeroso de Dios y apartado del mal» (Job 1.1). Dios le hizo prosperar, dándole miles de ovejas, camellos, bueyes y otras posesiones. Se le llamaba el «más grande que todos los orientales» (Job 1.3).

Pero Job estaba preocupado por el estilo de vida de sus hijos. Sus siete hijos, por turno, celebraban fiestas en sus casas e invitaban a sus tres hermanas para que comieran y bebieran con ellos.

Job estaba tan preocupado respecto a su condición espiritual, que cuando los días de festejo terminaban:

> [...] Job enviaba y los santificaba, y se levantaba de mañana y ofrecía holocaustos conforme al número de todos ellos. Porque decía Job: Quizá habrán pecado mis hijos, y habrán blasfemado contra Dios en sus corazones. De esta manera hacía todos los días (Job 1.5).

Un día algunos ángeles se presentaron ante el Señor; y entre ellos estaba satanás.

Y dijo Jehová a Satanás: ¿De dónde vienes? Respondiendo Satanás a Jehová, dijo: De rodear la tierra y de andar por ella. Y Jehová dijo a Satanás: ¿No has considerado a mi siervo Job, que no hay otro como él en la tierra, varón perfecto y recto, temeroso de Dios y apartado del mal? Respondiendo Satanás a Jehová, dijo: ¿Acaso teme Job a Dios de balde? ¿No le has cercado alrededor a él y a su casa y a todo lo que tiene? (Job 1.7-10).

Job hizo exactamente lo que Dios le había instruido. Aplicaba la sangre, y lo hacía «todos los días» (Job 1.5).

¿Se da cuenta usted de que mediante la oración la sangre puede ser aplicada a su familia? Dios honrará *su* fe.

Job cubría a su familia con la sangre al ofrecer los holocaustos. En el Nuevo Testamento, el sacrificio ha sido hecho de una vez por todas mediante Jesucristo. De modo que, ¿cómo aprovechamos lo que Él ha hecho por nosotros?

Primero, debemos creer en el sacrificio que Él ya ha hecho, la sangre que Él ya vertió. Cuando creemos, entonces podemos hablar con Dios en oración. El apóstol Pablo dijo: «Creemos, por lo cual también hablamos» (2 Corintios 4.13). Pero no hay fórmula o frase mágica que active el poder de la sangre. Sucede sólo por la fe en Jesús.

La sangre aplicada mediante la oración

¿Quiere usted vivir en victoria y ser libre de esclavitud? La clave es obedecer la Palabra de Dios.

Antes de la primera Pascua, el Señor dijo: «la sangre os será por señal en las casas donde vosotros estéis» (Éxodo 12.13). En el hebreo la palabra *señal* significa una «evidencia». Dios protegió las casas que tenían aquella señal. Y cuando Él ve esa señal, Él le protegerá a usted.

La gente ha preguntado: ¿Por qué debemos pedirle a Dios que nos cubra con la sangre todos los días? ¿No es eso una vana repetición? ¿No estamos siendo supersticiosos? ¿No estamos actuando en esclavitud?

Yo no oro todos los días porque debo orar. Tengo comunión con el Señor debido a que le amo y quiero hablar con Él diariamente. También le pido al Espíritu Santo que me llene de nuevo cada día. Le pido continuamente al Señor que me cubra con la sangre, no debido a la esclavitud sino debido a la comunión.

Como Kathryn Kuhlman dijo una vez: «No vivimos en las glorias de ayer, ni en las esperanzas de mañana, sino en las experiencias de hoy».

Tal vez pregunte: ¿Qué quiere decir usted con eso de ser cubierto con la sangre? Quiere decir que nos apropiamos de todos los beneficios de la cruz de Jesucristo: protección, acceso, perdón, seguridad en la gracia de Dios, redención, reconciliación, limpiamiento, santificación, habitar en la presencia de Dios y en la victoria de Dios.

No nazco de nuevo diariamente. Pero cada mañana le rindo y someto a Él de nuevo mi cuerpo y mente. Pedirle que me cubra con Su sangre no es rito, sino el resultado de una relación que Él tiene conmigo a través del pacto de sangre.

La sangre no le cubre automáticamente. Dios no estira su brazo desde el cielo y pone una marca en el lugar de su residencia. Usted tiene que pedirle Su protección. Recuerde que Dios *suple*, pero que nosotros lo *aplicamos* mediante nuestra oración creyendo. Los hijos de Israel tomaron la sangre y la pusieron «en los dos postes y en el dintel de las casas» (Éxodo 12.7).

¡Para siempre!

La Palabra de Dios es indispensable para nuestro conocimiento y para nuestra fe en Él. Y necesitamos adquirir el mayor conocimiento de la Palabra que sea posible. La Palabra y la sangre trabajan juntas. La Palabra *dice*, y la sangre *lo hace*.

El maligno puede salirle al paso en cada recodo, pero cuando usted aplica la sangre, el poder de Dios cobra vida.

Como ministro he predicado sobre incontables temas, pero cada vez que predico sobre la sangre, ocurren tres cosas.

- Satanás hace todo intento para distraerme y alejarme de la preparación del tema.

- El diablo trata lo mejor que puede de perturbar la misma reunión.

- Hay una presencia inusual del Señor que acompaña al mensaje; y un crecido número de personas hallan a Cristo como Salvador.

Así como algunos ministros nunca han predicado un sermón sobre la sangre, algunos cristianos rara vez han pronunciado la palabra *sangre* desde su conversión. El tema parece estar totalmente borrado de sus mentes.

Pero Dios instruyó específicamente a los israelitas a observar la pascua «por estatuto para vosotros y para vuestros hijos para siempre» (Éxodo 12.24).

Para siempre significa ¡*para siempre*!

El Señor nunca ha cambiado de opinión respecto a Su pacto de sangre con Su pueblo. No estuvo limitado a los cuarenta años que los hijos de Israel peregrinaron hacia la tierra prometida. El mandamiento siguió en efecto incluso después de que llegaron a su destino.

> Y cuando entréis en la tierra que Jehová os dará, como prometió, guardaréis este rito (Éxodo 12.25).

Nosotros tenemos incluso más para celebrar. Dios reemplazó la sangre de ovejas y cabras con el sacrificio perfecto, la sangre de Su Hijo. De la misma manera debemos nosotros celebrar Su pacto para siempre.

Tal vez usted pregunte: ¿Con cuánta frecuencia debemos pedirle a Dios que nos cubra con la sangre?

Personalmente yo lo hago cada vez que oro.

No hay ni un sólo día en que no diga en mis oraciones: «*Señor, cubre con Tu sangre a Suzanne, Jessica, Natasha, Joshua y Eleasha*». Hago lo mismo por cada uno de ellos separadamente. Si estoy de viaje, les llamo por teléfono y oro con ellos, y continuamente oro que nada entre en sus corazones y mentes sino lo que es del Señor.

Una noche oí a la pequeña Tasha orar. Ella no sabía que yo la escuchaba. Arrimé mi cabeza contra la puerta que estaba entreabierta. Me conmovió oírla decir: «Ahora, Señor, Tú derramaste Tu sangre por nosotros, y te pido que nos cubras a todos nosotros». Y ella oró por cada uno de nosotros. Hubo otro momento en que ella dijo: «Ahora, satanás, óyeme bien: No puedes tocarme. La sangre me está cubriendo».

Por eso es que es tan maravilloso cuando los padres le piden a Dios que proteja a sus hijos con la sangre. Sus hijos no solamente lo imitarán, sino que en realidad harán preguntas al respecto. Entonces los padres tendrán la oportunidad de decirles a sus hijos lo que el Señor ha hecho.

Jessica tiene ya la edad para preguntar: «Papito, ¿por qué haces eso?»

Puedo conversarle sobre la historia de la Pascua, y cómo la sangre de Jesús fue derramada por nosotros. Si la sangre de un animal pudo proteger a una familia en ese entonces, ¿cuánto más puede el poder de la sangre de Cristo protegernos ahora?

¡No diga eso!

En 1992 prediqué una cruzada en la ciudad de Manila, en Filipinas. Una noche trajeron a la plataforma a un joven que estaba profundamente perturbado. En la mayoría de las cruzadas, en Estados Unidos, hubiera sido llevado a un lugar aparte para ministrarle en privado porque mis auxiliares habrían advertido su condición espiritual.

De repente, al acercárseme este joven, pude ver que estaba poseído por el demonio. Sus ojos estaban vidriosos, y su figura entera empezó a cambiar frente a mis ojos. Mientras más se acercaba, más empeoraba.

Empecé a orar, y él cayó de bruces. Esto es algo que todavía no entiendo; pero he notado que cuando oro por alguien, en cualquier lugar fuera de los Estados Unidos, y que cae de bruces, usualmente hay la intervención de un elemento demoníaco.

Este joven se levantó y empezó a acercárseme. Algunos de mis asistentes trataron de detenerlo, pero él los apartó de su camino a empujones. Le reprendí, pero siguió acercándose. Finalmente dos hombres muy fuertes pudieron retenerlo en un solo sitio, pero él todavía estaba luchando ferozmente.

Dije: «Señor, cúbreme a mí y a los que están a mi alrededor con la sangre de Jesús». Entonces le dije al joven:

—La sangre de Jesús está en contra de ti.

—¡No digas eso! —gritó en ese instante.

Así que le dije de nuevo:

—La sangre de Jesús está en contra de ti.

—¡No digas eso! —gritó con una voz horrible.

Cada vez que hablaba de la sangre de Jesús, le venía una reacción violenta. Gracias a Dios, finalmente quedó libre.

Los demonios reconocen el poder de la sangre de Jesús. Si los demonios lo conocen, entonces, ¿cuánto más deberíamos nosotros conocerlo?

Creo que cuando le pedimos a Dios que nos cubra con la sangre de Jesús, Él honra eso porque representa el nombre de Jesús y lo que este nombre significa.

El poder está en Jesucristo. Y tenemos acceso mediante la oración.

Poder de oración

Un joven en mi iglesia preguntó recientemente:

—¿Cuál es el secreto? ¿Qué puedo hacer para orar con más poder?

—Jesús nos dio la respuesta cuando dijo: «Si permanecéis en mí, y mis palabras permanecen en vosotros, pedid todo lo que queréis, y os será hecho» (Juan 15.7) —le dije—. Note lo que el Señor dice «si permanecéis en mí». Es decisión nuestra, entonces, permanecer. El versículo continúa: «y

mis palabras permanecen en vosotros, pedid . . .».
Usted pedirá porque ha decidido permanecer en
Él, ha escogido que Su Palabra esté en usted. Ese
es el secreto de poder en la oración.

Todas las cosas son posibles por medio de la
oración.

Uno de los más grandes maestros sobre la oración fue R. A. Torrey. Vivió de 1856 a 1928. Fue
durante doce años el pastor de la famosa iglesia
Moody de Chicago. En mis primeros años de cristiano, sus escritos influyeron en mi profundamente, así como los de otros dos predicadores: D. L.
Moody y Charles Finney.

Torrey, en su libro *How to Obtain Fullness of
Power* [Cómo obtener la plenitud del poder], dice:

> La oración puede hacer cualquier cosa
> que Dios puede hacer; porque el brazo
> de Dios responde al toque de la oración.
> Todos los recursos infinitos de Dios es-
> tán a la orden de la oración.[1]

También dice:

> Hay solamente un límite para lo que la
> oración puede hacer: eso es lo que Dios
> puede hacer. Pero todas las cosas son
> posibles para Dios; por consiguiente, la
> oración es omnipotente.[2]

E. M. Bounds, un predicador de fines del siglo
pasado que es bien conocido por sus libros sobre
la oración, dijo:

Sólo Dios puede mover montañas, pero
la fe y la oración mueven a Dios.[3]

Creo que la oración es la fe pasando a la acción.
Cuando oramos, todo lo que Dios es y tiene llega
a ser nuestro. Todo lo que usted tiene que hacer es
pedir. Como la Biblia dice: «no tenéis lo que de-
seáis, porque no pedís» (Santiago 4.2). He oído
decir: «El más fuerte en el reino de Cristo es aquel
que sabe tocar más fuerte». De modo que, empiece
a tocar y hallará (Lucas 11.9-10).

Dios oye y responde a las oraciones porque la
sangre de Jesús nos ha limpiado de nuestros pecados y nos proveyó de acceso al trono de Dios. Las
instrucciones levíticas para la limpieza de la lepra,
que veremos en el próximo capítulo, proveen en
abundancia discernimiento respecto al poder de
la sangre de Cristo.

LIMPIAMIENTO DEL LEPROSO

CUANDO Dios dio las ordenanzas en el Antiguo Testamento, le habló a Moisés respecto a «la ley para el leproso cuando se limpiare» (Levítico 14.2).

David Alsobrook, en su libro *The Precious Blood* [La sangre preciosa][1] tiene algunas maravillosas enseñanzas respecto a este proceso. La comprensión de su significado simbólico que presentaré en las próximas páginas, realmente me ha inspirado a pensar en cómo estos pasajes de las Escrituras tienen hoy un significado especial para nosotros.

En las Escrituras, el término lepra se refiere a una variedad de enfermedades de la piel. Es también un símbolo del pecado. De modo que el limpiamiento del leproso presagiaba el plan futuro de Dios para limpiar del pecado a toda la humanidad.

Primero, el leproso a ser limpiado era «traído al sacerdote» (Levítico 14.2).

El sacerdote tenía las instrucciones de salir fuera de la ciudad y ordenar «que se tomen para el que se purifica dos avecillas vivas, limpias, y madera de cedro, grana e hisopo» (Levítico 14.4).

Cada uno de estos elementos me recuerda la obra de Cristo para la remisión del pecado. La salida de los sacerdotes fuera del campamento representa a Jesús crucificado fuera de los muros de Jerusalén. Las dos avecillas me recuerdan la muerte y resurrección del Señor. El cedro significa la cruz y la grana Su sufrimiento.

Finalmente, el hisopo simboliza la fe. David dijo:

> Purifícame con hisopo, y seré limpio; lávame, y seré más blanco que la nieve (Salmo 51.7).

El hisopo que se usaba en las ceremonias de purificación era generalmente una planta fragante de la familia de la mejorana.[2] Para mí simboliza la fe, porque se usaba en la aplicación de la sangre (Éxodo 12.22).

Lo que ocurrió después me asombra, a la luz de lo que Cristo haría en el Calvario.

> Y mandará el sacerdote matar una avecilla en un vaso de barro sobre aguas corrientes. Después tomará el avecilla viva, el cedro, la grana y el hisopo, y los mojará con la avecilla viva en la sangre de la avecilla muerta sobre las aguas corrientes (Levítico 14.5-6).

Cuando se mataba la primera ave, la sangre se recogía en una vasija de barro con agua (véase Levítico 14.5-6). Esto habla del derramamiento de la sangre de Cristo en un vaso terrenal: Su cuerpo humano.

Luego el sacerdote tomaba el ave viva junto con el cedro (la cruz de Cristo), la grana (Su sufrimiento) y el hisopo (la fe), y los mojaba en la sangre derramada del ave que fue sacrificada.

La sangre del ave sacrificada se mezclaba con agua en la vasija de barro, simbolizando el limpiamiento por la Palabra (Efesios 5.26).

La siguiente es la instrucción final:

> Y rociará siete veces sobre el que se purifica de la lepra, y le declarará limpio; y soltará la avecilla viva en el campo (Levítico 14.7).

Esto habla de nuestro pecado que es limpiado por la sangre. Luego vemos la resurrección en el ave viva que se soltaba.

Esta ceremonia de purificación es apenas un ejemplo de la manera en que el antiguo pacto presagia el nuevo pacto. Pablo les dijo a los colosenses que nadie les juzgue de acuerdo a las tradiciones del viejo pacto en cuanto a comida, bebida o festivales (Colosenses 2.16), debido a que la ley era «sombra de lo que ha de venir; pero el cuerpo es de Cristo» (Colosenses 2.17). Hebreos también dice que la ley tenía una «sombra de los bienes venideros» pero «no la imagen misma» (Hebreos 10.1).

Entonces se le permitía al leproso entrar al campamento (Levítico 14.8). De la misma manera, cuando usted ha sido purificado por la sangre de Cristo está listo para entrar al reino de Dios.

Creo que los sacerdotes rociaban al leproso con sangre siete veces por una razón profética, porque se nos dice que la sangre de Cristo fue vertida en siete diferentes ocasiones durante las horas que rodearon Su crucifixión.

1. Su sudor. «Y estando en agonía, oraba más intensamente; y era su sudor como grandes gotas de sangre que caían hasta la tierra» (Lucas 22.44).

2. Su rostro. «Di[...] mis mejillas a los que me mesaban la barba» (Isaías 50.6).

3. Su cabeza. «Y pusieron sobre su cabeza una corona tejida de espinas, y una caña en su mano derecha; e hincando la rodilla delante de él, le escarnecían:

¡Salve, Rey de los judíos! Y escupiéndole, tomaban la caña y le golpeaban en la cabeza» (Mateo 27.29-30).

4. Su espalda. «Entonces [Pilato] les soltó a Barrabás; y habiendo azotado a Jesús, le entregó para ser crucificado» (Mateo 27.26).

5. Sus manos. «Porque perros me han rodeado; me ha cercado cuadrilla de malignos; horadaron mis manos» (Salmo 22.16).

6. Sus pies. «Horadaron[...] mis pies» (Salmo 22.16).

7. Su costado. «Pero uno de los soldados le abrió el costado con una lanza, y al instante salió sangre y agua» (Juan 19.34).

La limpieza continúa

¿Qué ocurría después de que al leproso se le rociaba siete veces con la sangre? Podía entrar en el campamento, así como nosotros, una vez que somos limpiados por Su sangre, llegamos a ser hijos e hijas del Dios viviente y miembros de Su familia.

Debido a la sangre de Jesús, las puertas del ungimiento de Dios pueden abrirse mediante Su Espíritu Santo en nuestras vidas. Esto es lo que aprendí cuando el Espíritu Santo visitó mi vida.

TRANSFORMADO POR EL PODER

COMO lo relaté en mi libro *Buenos días, Espíritu Santo*, tres días antes de la navidad de 1973 fue cuando el Espíritu Santo entró en mi dormitorio en Toronto, Canadá. Yo tenía solamente veintiún años de edad, y acababa de regresar de una reunión dirigida por Kathryn Kuhlman en Pittsburg.

Esa noche oré: «Espíritu Santo, Kathryn Kuhlman dice que Tú eres su amigo». Continué lentamente: «Me parece que no te conozco». Entonces, con mis manos levantadas, le pregunté: «¿Podría conocerte? ¿Podría realmente encontrarme contigo?»

Entonces sucedió. El Espíritu Santo vino a mi habitación con una presencia tan innegable que supe que la promesa de Dios del Pentecostés era cierta. Desde aquel momento el Espíritu Santo ya no fue una extraña, distante «tercera Persona» de la Trinidad. Fue real. Tenía personalidad. Se convirtió en mi amigo más íntimo, consolador y guía.

Posteriormente, Dios empezó a revelarme, por medio de Su Palabra, que fue la sangre derramada de Cristo lo que hizo posible que el Espíritu Santo descendiera.

En el día de Pentecostés Pedro habló de la muerte y resurrección del Señor. Luego continuó:

Así que, exaltado por la diestra de Dios, y habiendo recibido del Padre la promesa del Espíritu Santo, ha derramado esto que vosotros veis y oís (Hechos 2.33).

Recuérdese que el Señor compró la redención del hombre mediante Su muerte expiatoria y resurrección, luego ascendió a Su Padre y allí presentó la sangre que era la evidencia de la redención.

Pero estando ya presente Cristo, sumo sacerdote de los bienes venideros, por el más amplio y más perfecto tabernáculo, no hecho de manos, es decir, no de esta creación, y no por sangre de machos cabríos ni de becerros, sino por su propia sangre, entró una vez para siempre en el Lugar Santísimo, habiendo obtenido eterna redención (Hebreos 9.11-12).

Cuando el Padre aceptó la sangre, yo creo que Jesús recibió del Padre el don del Espíritu Santo para derramarlo sobre los que creyeran en Él.[1] Y ahora el Espíritu Santo está en la tierra para capacitarnos a vivir la vida cristiana porque Dios, hablando por medio de Ezequiel, dijo:

Os daré corazón nuevo, y pondré espíritu nuevo dentro de vosotros; y quitaré de vuestra carne el corazón de piedra, y os daré un corazón de carne. Y pondré dentro de vosotros mi Espíritu, y haré que andéis en mis estatutos, y guardéis mis preceptos, y los pongáis por obra (Ezequiel 36.26-27).

El Espíritu Santo no solamente nos capacita para vivir la vida cristiana, sino que también hace muy real la presencia de Dios para nosotros.

Ni esconderé más de ellos mi rostro; porque habré derramado de mi Espíritu sobre la casa de Israel, dice Jehová el Señor (Ezequiel 39.29).

No debería haberme sorprendido cuando mi vida fue completamente transformada por el poder del Espíritu Santo. Eso es exactamente lo que ocurre cuando usted se encuentra con el Espíritu de Dios. El profeta Samuel lo describió a Saúl de esta manera:

Entonces el Espíritu de Jehová vendrá sobre ti con poder, y profetizarás con ellos, y serás mudado en otro hombre (1 Samuel 10.6).

Un viento recio

¿Es posible en realidad que el Espíritu Santo pueda cambiarnos en forma total? Absolutamente. Si el Señor pudo convertir el lodo en un hombre mediante Su aliento, ¡piense lo que puede hacer al soplar sobre nosotros otra vez! Eso fue lo que ocurrió en Pentecostés.

Y de repente vino del cielo un estruendo como de un viento recio que soplaba, el cual llenó toda la casa donde estaban sentados (Hechos 2.2).

Los que estaban reunidos en el aposento alto sintieron el aliento del Dios Todopoderoso. Y fueron transformados.

Cuando el Espíritu Santo dé poder a su vida, usted puede esperar que ocurran tres cosas:

- El Señor llegará a estar muy cerca de usted.

- Debido a esa relación, su deseo supremo será andar en los caminos de Dios.

- Usted será milagrosamente transformado en una nueva persona.

Estoy convencido de que el Espíritu Santo, vivo y presente en la tierra hoy en día, es la señal del pacto que Dios ha hecho con nosotros mediante la sangre de Su Hijo Jesús.

> En Él también vosotros, habiendo oído la palabra de verdad, el evangelio de vuestra salvación, y habiendo creído en Él, fuisteis sellados con el Espíritu Santo de la promesa (Efesios 1.13).

He conocido mucha gente que ora: «Señor, ¡envía Tu Espíritu Santo a mi vida! ¡Lléname con tu poder!» El Espíritu Santo vendrá cuando honremos la muerte de Cristo y Su sangre.

Por ejemplo, en el antiguo pacto, cuando se ofrecía la sangre, Dios enviaba fuego y Su gloria descendía. ¿Recuerda usted lo que ocurrió en la dedicación del gran templo de Salomón?

> Cuando Salomón acabó de orar, descendió fuego de los cielos, y consumió el holocausto y las víctimas; y la gloria de Jehová llenó la casa (2 Crónicas 7.1).

¿Cuál era la señal del Espíritu Santo? En el Antiguo Testamento a menudo era fuego (Levítico 9.23-24; 1 Reyes 18.38; 2 Crónicas 7.1), que representaba la santidad consumidora de Dios.

Juan el Bautista también profetizó:

> [...] Yo a la verdad os bautizo en agua; pero viene uno más poderoso que yo, de quien no soy digno de desatar la correa

de su calzado; él os bautizará en Espíritu Santo y fuego (Lucas 3.16).

Después de que Jesús derramó Su sangre en el Calvario, el Espíritu Santo vino como fuego nuevamente. Los discípulos estaban reunidos en Jerusalén, conforme Jesús les había ordenado:

> [...] y se les aparecieron lenguas repartidas, como de fuego, asentándose sobre cada uno de ellos. Y fueron todos llenos del Espíritu Santo (Hechos 2.3-4).

Dios llenará su vida con el fuego y la gloria de Su Espíritu Santo cuando usted venga a Él mediante la sangre.

Andrew Murray, un prolífico autor cristiano que vivió entre 1828 y 1917, escribió sobre la relación entre la sangre de Jesús y el Espíritu Santo en su libro *The Power of the Blood* [El poder de la sangre].

> Cuando se honra la sangre en fe o en la predicación, allí obra el Espíritu; y cuando Él obra siempre guía a las almas a la sangre.[2]

Tocados por la unción

La Palabra de Dios declara que es la unción, o ungimiento, del Espíritu Santo que nos capacita para servir a Dios. Dios le dijo a Moisés:

> [...] y los ungirás... y serán mis sacerdotes[...] (Éxodo 40.15).

Siempre estoy consciente en mi ministerio del hecho de que lo que Dios hace, lo hace debido a Su unción. Sin ella estaría en bancarrota espiritual.

Mi oración diaria es: «Señor, nunca retires Tu unción de mí». Sé el peligro que existe si alguna vez esa unción se me quita. Hace poco leí una afirmación similar hecha en 1950 por el Dr. Billy Graham:

> Le he pedido a Dios que si llegara el día en que tendría que pararme en el púlpito sin conocer la plenitud y la unción del Espíritu de Dios y no predicar con compasión y fuego, quiero que Dios me lleve al cielo. No quiero vivir. No quiero nunca estar en el púlpito y predicar sin el poder del Espíritu Santo. Es peligroso.[3]

La vida de Saúl contiene una gran lección. Saúl había sido seleccionado por Dios, y su vida había sido transformada. Pero llegó el día en que él escogió romper las leyes del sacrificio que Dios les había dado a los israelitas. Samuel le dijo a Saúl:

> [...] Locamente has hecho; no guardaste el mandamiento de Jehová tu Dios que Él te había ordenado; pues ahora Jehová hubiera confirmado tu reino sobre Israel para siempre (1 Samuel 13.13).

No sólo que la unción dejó a Saúl, sino que ocurrió algo mucho peor.

> El Espíritu de Jehová se apartó de Saúl,
> y le atormentaba un espíritu malo de
> parte de Jehová (1 Samuel 16.14).

La historia de Sansón es otro ejemplo. Cuando el Espíritu Santo salió de su vida, fue hecho prisionero y esclavo de los filisteos, y perdió la vista. La Biblia afirma que mientras él dormía perdió la unción (Jueces 16.18-20).

Dormir es símbolo de la falta de oración. Santos, no descuidemos la oración, ni rechacemos Su preciosa Palabra, no sea que perdamos Su unción maravillosa en nuestras vidas. No hay nada más deseable en la vida que tener Su unción, y sé que es también el más grande deseo suyo.

Recuerde que al andar en obediencia a Dios, no tiene que temer perder la unción. En lugar de eso, usted puede mirar esperanzadamente a las bendiciones de Dios. Esto es lo que veremos en el próximo paso del limpiamiento para el leproso.

UNGIDO DE LA CABEZA A LOS PIES

CADA día le agradezco a Dios por la sangre de Cristo. Debido a que la sangre fue derramada por nuestros pecados el Espíritu vino y hoy podemos conocer la unción de Dios en nuestras vida y trabajo.

Cuando recibimos el poder por el aceite del Espíritu Santo, somos libertados de las cadenas de la esclavitud. El profeta Isaías escribió:

> Acontecerá en aquel tiempo que su carga será quitada de tu hombro, y su yugo de tu cerviz, y el yugo se pudrirá a causa de la unción (Isaías 10.27).

Cada vez que me toca el poder de Dios me siento como el salmista, quien declaró: «Levántese Dios, sean esparcidos sus enemigos» (Salmo 68.1).

Al principio de este libro descubrimos cómo la sangre trajo limpiamiento al leproso, quien simbolizaba al pecador. Pero eso fue solamente el comienzo. Mire lo que le ocurrió después al leproso: La sangre hizo posible que fuera ungido.

Cuando se permitía a la persona regresar al campamento (Levítico 14.8), se le instruía a que tomara «dos corderos sin defecto, y una cordera de un año sin tacha, y tres décimas de efa de flor de harina para ofrenda amasada con aceite, y un log [aproximadamente medio litro] de aceite» (Levítico 14.10).

Entonces «tomará el sacerdote un cordero y lo ofrecerá por la culpa» (Levítico 14.12), como restitución por un pecado específico. «Y degollará el cordero en el lugar donde se degüella el sacrificio por el pecado y el holocausto, en el lugar del santuario» (Levítico 14.13).

¿Notó usted que el hombre ofrecía más sacrificios incluso después de que se le consideraba limpio y se le permitía regresar al campamento?

De la misma manera, el Señor Jesús vertió Su sangre una sola vez por la remisión de nuestros pecados, pero nosotros continuamos pidiendo la limpieza y la protección que Su sangre provee. El Señor Jesús incluso enseñó a Sus discípulos a decir en la oración:

> Y perdónanos nuestras deudas, como también nosotros perdonamos a nuestros deudores. Y no nos metas en tentación, mas líbranos del mal[...] (Mateo 6.12-13).

El sacerdote aplicaba sangre tres veces al leproso limpiado. De nuevo, el libro de David Alsobrook *The Precious Blood* [La sangre preciosa], me dio una perspectiva respecto al significado que este proceso tiene hoy para nosotros.[1] Yo creo que Dios tiene un propósito específico para cada aplicación de la sangre.

Primero, «el sacerdote tomará de la sangre de la víctima por la culpa, y la pondrá el sacerdote sobre el lóbulo de la oreja derecha» del leproso (Levítico 14.14).

Cuando se aplica la sangre a nuestros oídos se nos protege de la voz de nuestros enemigos. El salmista clamaba al Señor:

> Está atento, y respóndeme;
> Clamo en mi oración, y me conmuevo,
> A causa de la voz del enemigo,
> Por la opresión del impío;
> Porque sobre mí echaron iniquidad,
> Y con furor me persiguen (Salmo 55.2-3).

Como creyentes tenemos poder contra los ataques verbales del enemigo. La Biblia dice:

> Ninguna arma forjada contra ti prospe-
> rará, y condenarás toda lengua que se
> levante contra ti en juicio. Esta es la
> herencia de los siervos de Jehová[...]
> (Isaías 54.17).

¿Qué lenguas se levantan contra nosotros? Las lenguas mentirosas de los enemigos de Dios. Pero nosotros podemos condenar esas voces mediante la sangre de Cristo y la autoridad de Su Palabra.

Cuando alguien me dice que el diablo le ha estado hablando, le recuerdo las maravillosas palabras de Jesús: «Mis ovejas oyen mi voz, y yo las conozco, y me siguen» (Juan 10.27).

No es a la voz de satanás que deberíamos escuchar, sino a la voz del Salvador. Por eso es que necesitamos aplicar la sangre a nuestros oídos.

En segundo lugar, el sacerdote debía aplicar sangre sobre el leproso, «sobre el pulgar de su mano derecha» (Levítico 14.14).

Nuestras manos representan el trabajo que hacemos. Es maravilloso saber que el Señor nos da dirección y protección para nuestro trabajo. David dijo:

> Sea la luz de Jehová nuestro Dios sobre
> nosotros
> Y la obra de nuestras manos confirma
> sobre nosotros;
> Sí, la obra de nuestras manos confirma
> (Salmo 90.17).

Y Dios le dijo a Isaías:

[...] Afirmaré en verdad su obra, y haré con ellos pacto perpetuo (Isaías 61.8).

Finalmente, el sacerdote aplicaba sangre sobre el leproso, «sobre el pulgar de su pie derecho» (Levítico 14.14).

Nuestros pies simbolizan nuestro andar con el Señor. «Pero si andamos en luz, como él está en luz, tenemos comunión unos con otros, y la sangre de Jesucristo su Hijo nos limpia de todo pecado» (1 Juan 1.7).

Rociar y regar

Después de que el sacerdote aplicaba la sangre a la oreja, la mano y el pie del leproso, Dios dijo: «Ahora es el tiempo para la unción».

Esto es lo que ocurría. Las instrucciones son: «Asimismo el sacerdote tomará del log de aceite, y lo echará sobre la palma de su mano izquierda, y mojará su dedo derecho en el aceite que tiene en su mano izquierda, y esparcirá del aceite con su dedo siete veces delante de Jehová» (Levítico 14.15-16).

El aceite de la unción en todas las Escrituras representa la obra del Espíritu Santo al consagrar y dar poder para el servicio.

Es esencial comprender que Dios unge lo que la sangre ha cubierto. La unción del Espíritu Santo *sigue* a la sangre. El aceite de la unción era rociado siete veces el número divino de algo completo para representar la recepción de una unción total.

Lo que efectuaba después pudiera sonar repetitivo, pero Dios estaba haciendo algo totalmente nuevo. El sacerdote tomaba del aceite y ungía la oreja derecha del leproso, el pulgar derecho y el pulgar del pie derecho, una vez más.

La sangre ya estaba allí, pero el aceite de la unción se ponía *encima*. Porque cuando usted halla la sangre de la cruz, usted hallará la unción del Espíritu Santo.

Yo creo que la unción expande los beneficios de la sangre.

- Cuando la sangre se aplica a nuestras orejas, no oiremos la voz del enemigo; entonces, Dios trae la unción para que podamos oír *Su* voz.

- Cuando se aplica la sangre a nuestras manos, el diablo no puede tocar nuestro trabajo para Dios; luego, la unción multiplica nuestros esfuerzos.

- Cuando se aplica la sangre a nuestro andar, entonces Dios unge nuestros pasos para que podamos caminar con Él.

Nuestro andar necesita también ser lavado con Su Palabra. Jesús dijo:

> [...] El que está lavado, no necesita sino lavarse los pies[...] (Juan 13.10).

Hemos sido redimidos y lavados por la sangre, pero nuestro andar necesita ser limpiado por Su Palabra cada día (Efesios 5.26). ¿Por qué? Porque nuestras vidas constantemente tocan la suciedad del mundo.

En el antiguo pacto, cuando Dios le dijo a Moisés que construyera el tabernáculo, le dio detalles precisos en cuanto a cada aspecto, incluyendo las vestiduras que debían llevar los sacerdotes. Pero no se les dio ninguna instrucción respecto a sus zapatos (véase Éxodo 39). Para recordarles que todavía estaban tocando el polvo de la tierra, debían caminar descalzos.[2]

Como cristianos estamos tocando el mundo todos los días. Por eso es que necesitamos regresar diariamente al Señor y decirle: «Límpiame de nuevo y lávame otra vez».

De la cabeza a los pies

¿Qué ordena Dios al sacerdote hacer con el aceite restante?

Y lo que quedare del aceite que tiene en su mano, lo pondrá sobre la cabeza del que se purifica; y hará el sacerdote expiación por él delante de Jehová (Levítico 14.18).

Dios quiere cubrirnos con Su Espíritu totalmente —de la cabeza a los pies— nuestros pensamientos, nuestra vista, nuestras palabras y nuestra vida entera. No solamente que tenemos la expiación de la sangre, sino que tenemos la unción del Espíritu Santo.

No obstante, muchas personas, debido a su pasado, no piensan ser lo suficiente buenas como para la unción de Dios. Amigo mío, déjeme decirle lo que la sangre derramada de Jesús hace con su pasado.

DIEZ

SU PASADO SEPULTADO

MILLONES de personas viven en un interminable ciclo de desesperanza y desesperación debido a que no pueden olvidar el ayer. Se atormentan por recuerdos que pueden conducirlas a la depresión, angustia mental y hasta al suicidio.

Satanás entiende nuestras debilidades. Por eso es que usa nuestros errores del pasado para torturarnos y atraparnos. Nuestro pasado es el arma más grande que usa el diablo en contra nuestra.

Pero gracias a Dios, la sangre de la cruz quitará de su conciencia todas esas obras muertas.

> Porque si la sangre de los toros y de los machos cabríos, y las cenizas de la becerra rociadas a los inmundos, santifican para la purificación de la carne, ¿cuánto más la sangre de Cristo, el cual mediante el Espíritu eterno se ofreció a sí mismo sin mancha a Dios, limpiará vuestras conciencias de obras muertas para que sirváis al Dios vivo? (Hebreos 9.13-14).

¿Se da cuenta usted de cuán liberador es quedar exento de su pasado? ¿Puede usted captar completamente lo que significa vivir sin culpa o condenación?

Algunos de ustedes tal vez piensen que su pasado es especialmente negro comparado con el de quienes lo rodean. Pero R. A. Torrey dice:

> Si pudiéramos ver nuestro pasado como Dios lo ve antes de que sea lavado, el expediente del mejor de nosotros sería negro, negro, negro. Pero si andamos en la luz, sometiéndonos a la verdad de Dios, creyendo en la luz, en Cristo, nuestro expediente hoy es [tan] blanco como los vestidos de Cristo cuando los discípulos le vieron en el monte de la transfiguración (Mateo 17.2; Marcos 9.3; Lucas 9.29).[1]

Deje que estas palabras penetren en su corazón: *En el momento en que la sangre derramada de Cristo se ha aplicado a su corazón, su pasado es sepultado. Ha desaparecido para siempre, y nunca más será recordado en gloria.* Aferrarse a ese pasado es un insulto a Dios.

Ante la corte

Imagínese estar en una corte judicial. Dios es el juez, y usted está ante Él. En presencia de Su santidad, se siente apabullado por una implacable conciencia de pecado.

La voz de Dios truena: «¡Sé que eres culpable!»

Usted tiembla, esperando que le den la sentencia de muerte.

Entonces Dios continúa: «Eres culpable, pero te he declarado justo. Tu castigo queda suprimido».

A eso se llama justificación. Dios le da una nueva posición legal. Su hoja queda limpia.

Dios lo declara justo debido a lo que Jesús ha hecho.

> [...] a causa de haber pasado por alto, en su paciencia, los pecados pasados, con la mira de manifestar en este tiempo su justicia, a fin de que él sea el justo, y el que justifica al que es de la fe de Jesús (Romanos 3.25-26).

La sangre derramada de Jesús nos salva de la ira de un Dios santo vertida en contra del pecado.

Pues mucho más, estando ya justificados en su sangre, por Él seremos salvos de la ira (Romanos 5.9).

R. A. Torrey hace una hermosa comparación entre el perdón y la justificación.

En el perdón se nos despoja de los viles y hediondos harapos de nuestros pecados; en la justificación se nos viste con la gloria y belleza de Cristo.[2]

Quisiera que todo cristiano comprendiera esta verdad.

Veintiocho años

Nunca olvidaré la carta que recibí de una mujer que estaba extremadamente aturdida. No daba muchos detalles, pero escribió: «Me siento terriblemente mal por las cosas que he hecho, que quiero quitarme la vida».

Noté que había un número telefónico en la carta, y le dije a mi secretaria:

—Me gustaría hablar con esta persona. Vea usted si puede localizarla por teléfono.

La secretaria la localizó. La mujer y yo hablamos algunos minutos.

—¿Por qué está tan perturbada al punto de querer acabar con su vida? —le pregunté.

—Me da vergüenza decirlo —admitió ella—, pero me he acostado con cinco hombres.

—¿Ha nacido usted de nuevo?

—Sí —dijo ella.

—¿Se ha arrepentido? ¿Le ha pedido al Señor que la perdone? —le pregunté de inmediato.

—Sí, lo he hecho —dijo.

—¿Cree que Dios la ha perdonado?

Vacilando, respondió en voz baja:

—No estoy segura.

—Usted necesita saber lo que la Biblia dice —le expliqué—. Si verdaderamente nos arrepentimos de nuestros pecados, la sangre de Cristo nos limpia totalmente. Nuestro pasado queda borrado. Él no solamente nos perdona, sino que ha escogido olvidarse de nuestros pecados.

Le dije lo que Dios dice en las Escrituras:

> Yo, yo soy el que borro tus rebeliones por amor de mí mismo, y no me acordaré de tus pecados. Hazme recordar, entremos en juicio juntamente; habla tú para justificarte (Isaías 43.25-26).

—¡Ah! —exclamó la mujer. Luego añadió—: Pero me siento tan culpable, que no puedo ni siquiera orar. He cometido demasiados pecados.

Pude oírla llorar mientras continuaba:

—Me siento tan condenada que ni siquiera voy a la iglesia. No puedo adorar a Dios. Mejor... quisiera morirme.

—Por favor, dígame cuándo ocurrió todo eso —la interrumpí.

—Hace veintiocho años —gimió ella entre sollozos.

—¿Quiere decir que usted ha estado viviendo con este asunto todo ese tiempo?

105

—Así es. ¡Horrible!

—¿Se da cuenta de que ha estado entristeciendo al Espíritu Santo? —le dije decidiendo captar su atención.

—¿Qué dice usted? —preguntó.

—Cada vez que dice: «No creo que Jesús me perdonará», eso es lo que hace.

—¡No! ¡No! —exclamó ella.

—Eso es exactamente lo que ha estado haciendo. Y si no deja de hacerlo, nunca vivirá en victoria. Usted está viviendo una vida de incredulidad. Dios le ha dado Su promesa de sepultar todos sus pecados, y usted no se lo cree.

—¿Qué debo hacer?

—Arrepentirse ante el Señor y pedirle perdón por no haberle creído a Sus promesas.

Nunca olvidaré la oración que elevé con ella por el teléfono. Pude sentir que la esclavitud se le quitaba y que la luz del sol volvía a brillar en su vida. La mujer fue liberada totalmente cuando aceptó lo que Jesús había hecho por ella en la cruz y el limpiamiento de Su sangre.

Atormentarse por el pecado pasado es como decirle al diablo: «No me dejes. Me gusta tenerte por aquí cerca». Es su culpabilidad la que lo mantiene por allí. Pero si usted cree en la Palabra y le pide al Señor que le limpie, le perdone y le libre de todo pecado, será liberado de todo cuanto el enemigo puede presentar en contra suya.

La gente necesita dejar de prestar oídos a sus emociones, a sus «sube y baja», a sus pensamientos malos y a sus llamados amigos que les dicen cuán malos son. Necesitan creer en la Palabra que dice que en Jesús «tenemos redención por su sangre, el perdón de pecados, según las riquezas de su gracia» (Efesios 1.7).

El profeta Miqueas dice que Dios «sepultará nuestras iniquidades, y echará en lo profundo del mar todos nuestros pecados» (Miqueas 7.19).

Un día estuve en una iglesia en Zeist, Holanda, y oí a Corrie ten Boon decir: «Dios quita todos nuestros pecados y los echa en lo más profundo del océano, y pone un gran rótulo que dice: "Prohibido pescar"».

No se ponga a pescar esos pecados. Usted está perdonado.

Una conciencia clara

El recuerdo de su pasado no puede ser borrado simplemente porque usted quiere que así suceda. Usted no puede ser libertado de una vida de pecado meramente por decir: «Voy a olvidarlo».

Dios dice que Él nos limpiará. La sangre limpiará completamente su conciencia: no sólo sus transgresiones, sino todo pensamiento relacionado con ellas.

Nada, sino la sangre de Cristo, puede limpiar su mente de los pensamientos de los pecados pasados y presentes. Puesto que tenemos «un gran sacerdote sobre la casa de Dios, acerquémonos con corazón sincero, en plena certidumbre de fe, purificados los corazones de mala conciencia, y lavados los cuerpos con agua pura» (Hebreos 10.21-22).

¿Qué es una mala conciencia? La que recuerda el ayer y susurra: «Eres un pecador».

Pero en el cielo, el Señor dice: «¡Bienvenido! Te he libertado de tus iniquidades. Estás perdonado. Solamente los santos pueden entrar aquí, y la sangre te ha hecho justo».

Para muchos puede sonar imposible que podemos estar ante Dios con la justicia de Cristo, pero es la verdad. Debido a que la sangre de Jesús es pura, llegamos a ser puros a la vista de Dios. El Señor nos limpia la mente del pasado y del presente. Por eso es que me encanta cantar: «Hay poder, poder, sin igual poder en la sangre preciosa del Cordero».[3]

Por Su promesa ahora usted puede decir: «La sangre ha limpiado mi pasado, y ¡soy libre!»

Satanás siempre intentará atormentarle preguntándole: «Pero, ¿qué de tu pasado?»

Usted puede decirle: «¿Mi pasado? No tengo pasado. Ha desaparecido para siempre. Cristo lo borró por completo, y soy libre».

Recuerdo una ocasión cuando llevé a la lavandería una de mis camisas favoritas.

—Necesito su ayuda —le dije al empleado—. Les he traído esta camisa ya dos veces, y esta mancha sigue todavía allí. ¿Cuál es el problema?

—Déjela —dijo él—. Lo intentaremos una vez más.

Cuando regresé, me dijo:

—Sr. Hinn, hemos probado con los mejores disolventes y limpiadores que disponemos, pero la mancha no cede. Es permanente. Me parece que no hay manera de quitarla.

Pero esa no es la respuesta que recibí cuando le entregué al Señor mi vida manchada por el pecado.

No pensamos de la sangre derramada del Hijo de Dios como un quitamanchas, pero lo es. La sangre de Cristo es tan poderosa que quita toda mancha y marca del pecado.

Cuando usted vivía una vida de pecado, era un esclavo. Permítame mostrarle en el próximo capítulo lo que Jesús hace por los esclavos.

ONCE

COMPRADO POR PRECIO

EN los años cuando la esclavitud era legal en los Estados Unidos, un caballero pasaba por una calle atiborrada de gente donde se subastaba esclavos.

El hombre se detuvo para observar el remate. Desde un costado de la muchedumbre vio cómo los esclavos eran conducidos, uno tras otro, a una plataforma, con sus brazos y piernas atados con cuerdas como si fueran animales.

Exhibidos ante la multitud que gritaba y se burlaba, se los subastaba, uno por uno. Algunos mirones inspeccionaban la «mercadería», manoseando sin ningún respeto a las mujeres y examinando los brazos musculosos de los hombres.

El caballero estudió al grupo de esclavos que esperaba cerca. Se detuvo cuando vio a una joven que estaba de pie en la parte de atrás del grupo. Sus ojos estaban llenos de temor; se la veía aterrorizada. El hombre vaciló por un momento, y luego desapareció brevemente. Cuando regresó, el rematador estaba a punto de empezar la subasta de la joven en la que él se había fijado.

Cuando el subastador abrió el remate, el caballero propuso en voz alta una oferta que era el doble de la cantidad de cualquier otra hecha en el día. Hubo un instante de silencio y luego el subastador golpeó con su mazo mientras respondía: «Vendida al caballero».

El caballero se abrió paso por entre la muchedumbre. Esperó al pie de las gradas mientras la joven era bajada de la plataforma para ser entregada a su nuevo dueño. Luego pusieron en su mano la cuerda que ataba a la muchacha y el hombre la aceptó sin decir ni una palabra.

La joven tenía los ojos fijos en el suelo. De súbito levantó la vista, y le escupió al caballero en la cara. En silencio, él sacó su pañuelo y se limpió el escupitajo. Sonrió gentilmente a la joven y le dijo: «Sígueme».

Ella le siguió a regañadientes. Al llegar al borde de la multitud, él se dirigió hacia un área cercana donde se cerraba legalmente cada trato. Cuando se le daba la libertad a algún esclavo, era necesario preparar y firmar documentos legales llamados «papeles de manumisión».

El caballero pagó el precio de compra y firmó los documentos necesarios. Cuando la transacción quedó completa, se volvió hacia la joven y le puso los documentos en las manos. Sorprendida, ella se quedó mirándolo con una expresión de perplejidad. Sus ojos inquisitivos preguntaban: «¿Qué está usted haciendo?»

El caballero respondió a su expresión inquisitiva. Le dijo:

—Toma estos papeles. Te compré para darte la libertad. Mientras tengas estos papeles en tu posesión, nadie podrá jamás volverte a esclavizar.

La muchacha se quedó mirándolo directamente. ¿Qué ocurría? Hubo silencio.

—¿Usted me compró para darme la libertad? —dijo ella lentamente— ¿Usted me compró para darme la libertad?

Mientras repetía esta frase vez tras vez, el significado de lo que acababa de ocurrir fue haciéndose cada vez más claro para ella.

¿Usted me compró para darme la libertad?

¿Era posible que un extraño acabara de concederle la libertad y que nunca más podría ella ser esclavizada por ningún hombre? A medida que ella empezaba a captar el significado de los documentos que ahora tenía en su mano, cayó de rodillas y rompió a llorar a los pies del caballero.

En medio de sus lágrimas de alegría y gratitud, ella dijo:

—¿Usted me compró para darme la libertad...? ¡Le serviré para siempre!

Usted y yo fuimos una vez esclavos del pecado. Pero el Señor Jesús pagó el precio para ponernos en libertad cuando derramó Su sangre en el Calvario. Esto es lo que la Biblia llama *redención*.

En quien tenemos redención por su sangre, el perdón de pecados según las riquezas de su gracia (Efesios 1.7).

Eso es a lo que Pablo se refería cuando escribió:

Porque habéis sido comprados por precio; glorificad, pues, a Dios en vuestro cuerpo y en vuestro espíritu, los cuales son de Dios (1 Corintios 6.20).

La sangre de Jesús no *se regó*; fue *derramada*. No fue un accidente. El Señor escogió morir en nuestro lugar, derramando Su preciosa sangre a nuestro favor. Jesús dijo:

[...] el Hijo del Hombre no vino para ser servido, sino para servir, y para dar su vida en rescate por muchos (Mateo 20.28).

¿Por qué nos redime Cristo? «Para que el cuerpo del pecado sea destruido, a fin de que no sirvamos más al pecado» (Romanos 6.6). Esa es la única manera en que podemos considerarnos «muertos al pecado, pero vivos para Dios en Cristo Jesús, Señor nuestro» (Romanos 6.11).

Cada día podemos regocijarnos no sólo porque hemos sido redimidos *de algo*, sino que hemos sido redimidos *para algo*. Hemos sido libertados de la esclavitud del pecado y de satanás. Y hemos sido redimidos a una nueva libertad del pecado y a una nueva vida en Cristo (2 Corintios 3.17-18).

Cuando usted ha sido redimido por Su sangre, usted puede decir:

> Con Cristo estoy juntamente crucificado, y ya no vivo yo, mas vive Cristo en mí; y lo que ahora vivo en la carne, lo vivo en la fe del Hijo de Dios, el cual me amó y se entregó a sí mismo por mí (Gálatas 2.20).

Reconciliados por la sangre

¿Quién estaba en mayor necesidad, la esclava o el hombre que la compró? La esclava, por supuesto. De la misma manera, Dios no necesitaba reconciliarse con el hombre; sino que el hombre necesitaba reconciliarse con Dios.

> Por cuanto agradó al Padre que en Él habitase toda plenitud, y por medio de Él reconciliar consigo todas las cosas, así las que están en la tierra como las que están en los cielos, haciendo la paz mediante la sangre de su cruz. Y a vosotros también, que erais en otros tiempo extraños y enemigos en vuestra mente, haciendo malas obras, ahora os ha re-

conciliado, en su cuerpo de carne, por medio de la muerte, para presentaros santos y sin mancha e irreprensibles delante de Él (Colosenses 1.19-22).

Aun cuando el deseo de Dios era continuar en amor y en comunión con el hombre, el pecado le ha obligado a convertirse en un oponente. Aunque el amor de Dios hacia el hombre permanece inalterable, el pecado hizo imposible que Él admitiera al hombre a la comunión consigo mismo.

Andrew Murray da esta increíble perspectiva del tema en su libro *The Power of the Blood* [El poder de la sangre].

> El pecado tiene un efecto doble. Ha tenido un efecto sobre Dios tanto como sobre el hombre. Pero ¡el efecto que ha ejercido sobre Dios es mucho más terrible y serio! Es debido a ese efecto sobre Dios que el pecado tiene poder sobre nosotros. Dios, como Señor de todo, no podía hacerse de la vista gorda al pecado. Es Su ley inalterable que el pecado debe traer tristeza y muerte (Romanos 6.23).[1]

En el antiguo pacto, Dios instruyó a Su pueblo a ofrecer sacrificios. Estos animales sacrificados llevaban simbólicamente el castigo por el pecado que la gente merecía. Pero los sacrificios tenían que ofrecerse vez tras vez.

El antiguo pacto era la sombra (Hebreos 10.1). El nuevo pacto trajo la realidad. Cristo murió «una

vez para siempre», expiando por nuestros pecados y trayéndonos de regreso a la comunión con
Dios (Hebreos 10.10). La justicia lo exigía; el amor
lo ofreció.

Ahora, el Señor nos da una nueva responsabili-
dad: proclamar al mundo el mensaje de la reconciliación.

> Y todo esto proviene de Dios, quien nos
> reconcilió consigo mismo por Cristo, y
> nos dio el ministerio de la reconcilia-
> ción; que Dios estaba en Cristo reconci-
> liando consigo al mundo, no tomándo-
> les en cuenta a los hombres sus pecados,
> y nos encargó a nosotros la palabra de la
> reconciliación (2 Corintios 5.18-19).

En el tiempo de Cristo, los gentiles estaban ex-
cluidos de la familia de Dios porque no eran parte
del antiguo pacto. Se les conocía como «alejados
de la ciudadanía de Israel y ajenos a los pactos de
la promesa, sin esperanza y sin Dios en el mundo»
(Efesios 2.12).

Pero mediante «la sangre de Su cruz» estos dos
grupos —judíos y gentiles— fueron hechos uno, y
Él derribó «la pared intermedia de separación»
para «mediante la cruz reconciliar con Dios a ambos en un solo cuerpo, matando en ella las enemis-
tades» (Efesios 2.13-14,16). El hizo a los gentiles
«conciudadanos de los santos, y miembros de la
familia de Dios» (Efesios 2.19).

Quitar las paredes de hostilidad entre la gente
y entre Dios y el pueblo es parte de la gran obra

de Cristo como mediador del nuevo pacto. Ese es el tema que trataremos con profundidad en el próximo capítulo.

DOCE

NUESTRO MEDIADOR

EN el otoño de 1993 observé asombrado cómo el estado de Israel y la Organización Pro Liberación de Palestina (OLP) firmaban un acuerdo que establecía el marco de referencia para la paz entre pueblos cuyas hostilidades han existido por décadas y siglos.

Aquellos dos poderosos líderes, ¿se encontraron simplemente por casualidad un fin de semana?

No. Ese momento histórico vino, después de años de negociación, a través de un tercero: un mediador.

Debido a Su sangre derramada, el Señor Jesús ha llegado a ser nuestro mediador con el Padre.

> Así que, por eso es mediador de un nuevo pacto, para que interviniendo muerte para la remisión de las transgresiones que había bajo el primer pacto, los llamados reciban la promesa de la herencia eterna (Hebreos 9.15).

La humanidad siempre ha necesitado un mediador. Job declaró: «¡Ojalá pudiese disputar el hombre con Dios, como con su prójimo!» (Job 16.21).

Bajo el antiguo pacto, el sumo sacerdote venía a ser el representante legal del pueblo respecto a los asuntos espirituales. Pero había algunas cuestiones que no podía arbitrar. Elí, cuando era sumo sacerdote de Israel, dijo:

> Si pecare el hombre contra el hombre, los jueces le juzgarán; mas si alguno pecare contra Jehová, ¿quién rogará por Él?[...] (1 Samuel 2.25).

Hoy, Cristo ha llegado a ser nuestro sumo sacerdote mediante el derramamiento de Su sangre. Eso es lo que le da autoridad para ser nuestro mediador legal en el cielo, representándonos ante el Padre. Debido a la cruz «es mediador de un nuevo pacto, para que interviniendo muerte para la remisión de las transgresiones que había bajo el primer pacto» (Hebreos 9.15).

Como nuestro mediador, Cristo intercede a nuestro favor. El apóstol Pablo escribió: «[...] Cristo es el que murió; más aun, el que también resucitó, el que además está a la diestra de Dios, el que también intercede por nosotros» (Romanos 8.34). La palabra griega que se traduce intercesión es *entrucano*, lo que significa «encontrarse con» o «hacer petición».

Y debido a que Él es nuestro sumo sacerdote, el pecado no nos derrotará, ni siquiera una sola vez. Él es nuestro sumo sacerdote, viviendo siempre para interceder por nosotros.

> Por lo cual puede también salvar perpetuamente a los que por él se acercan a Dios, viviendo siempre para interceder por ellos (Hebreos 7.25).

Hay solamente una razón por la cual Cristo puede ser nuestro intermediario en el cielo: *debido a que Él es a la vez Dios y hombre.*

> Y estando en la condición de hombre, se humilló a sí mismo, haciéndose obediente hasta la muerte, y muerte de cruz (Filipenses 2.8).

> Así que, por cuanto los hijos participaron de carne y sangre, Él también participó de lo mismo (Hebreos 2.14).

Solamente Cristo puede decir: «Sé lo que es ser hombre, y puedo decirles lo que es ser Dios. Comprendo a ambos desde adentro». Cuando somos tentados, Jesús puede hablar al Padre y decirle: «Yo atravesé lo mismo».

Él fue sin pecado y, sin embargo, se convirtió en el que llevó nuestros pecados. En lugar de limpiarnos simbólicamente de nuestra suciedad, el Señor nos limpió del pecado *real*. Fue mediante la sangre de la cruz que el Señor Jesús quitó el obstáculo que había producido la alienación entre Dios y el hombre y restauró nuestra comunión con el Padre.

> Porque no tenemos un sumo sacerdote que no pueda compadecerse de nuestras debilidades, sino uno que fue tentado en todo según nuestra semejanza, pero sin pecado (Hebreos 4.15).

Aun cuando Cristo es «santo, inocente, sin mancha, apartado de los pecadores, y hecho más sublime que los cielos» (Hebreos 7.26), no obstante «fue tentado en todo según nuestra semejanza» (Hebreos 4.15).

Por consiguiente, como dice el escritor de Hebreos, «acerquémonos, pues, confiadamente al trono de la gracia, para alcanzar misericordia» (Hebreos 4.16). Este maravilloso Salvador no le condena. Le ama porque murió por usted.

> Porque hay un solo Dios, y un solo mediador entre Dios y los hombres, Jesucristo hombre, el cual se dio a sí mismo en rescate por todos[...] (1 Timoteo 2.5-6).

Y debido a este rescate, Dios declara que somos libres del abismo del pecado y de la muerte.

> Si tuviese cerca de Él, algún elocuente mediador muy escogido, que anuncie al hombre su deber; que le diga que Dios tuvo de Él misericordia, que lo libró de descender al sepulcro, que halló su redención (Job 33.23-24).

De modo que venga hoy a Jesucristo, nuestro mediador. Jesús dijo: «Yo soy el camino, y la verdad, y la vida; nadie viene al Padre, sino por mí» (Juan 14.6).

Abogado de nuestros casos

Sabemos que Cristo es nuestro mediador, pero Él hace aún más por nosotros. En esa posición Él es también nuestro abogado: intercede y apoya nuestros casos ante el Padre.

> Hijitos míos, estas cosas os escribo para que no pequéis; y si alguno hubiere pecado, abogado tenemos para con el Padre, a Jesucristo el justo (1 Juan 2.1).

Debido a la incesante tentación de satanás, muchos cristianos se hallan fuera de la comunión con el Padre. Allí es cuando necesitan de alguien que hable a su favor.

Jesús no aboga el caso de los pecadores. Es solamente cuando se ha aplicado la sangre a nuestros corazones que el Señor llega a ser nuestro abogado. Es entonces que podemos decir: «El Señor es mi ayudador; no temeré» (Hebreos 13.6).

Intrepidez por la sangre derramada

Debido a que el Señor Jesús está sentado a la diestra del Padre, podemos entrar confiadamente al salón del trono.

> Así que, hermanos, teniendo libertad para entrar en el Lugar Santísimo por la sangre de Jesucristo, por el camino nuevo y vivo que él nos abrió a través del velo, esto es, de su carne, y teniendo un gran sacerdote sobre la casa de Dios, acerquémonos con corazón sincero, en plena certidumbre de fe, purificados los corazones de mala conciencia, y lavados los cuerpos con agua pura (Hebreos 10.19-22).

La confianza para entrar nos viene solamente debido al sacrificio de Cristo, y de ninguna otra cosa. Si todavía estamos en nuestros pecados, ninguna cantidad de audacia descarada puede abrir las puertas de los cielos. El santo y seña es: «Vengo por medio de la sangre». En el momento en que usted pronuncia esas palabras, la entrada se le abre.

Si usted anhela experimentar el poder de la redención que Jesús ha conseguido, note lo que dice el pasaje de Hebreos 10.19-20 en cuanto al Lugar Santísimo, el cual ahora está abierto para nosotros, y la libertad con la cual podemos entrar a través de la sangre derramada de Cristo.

Estos versículos dicen que Dios ha preparado cuatro cosas para nosotros:

- El «Lugar Santísimo»: el lugar en donde Dios mora y reside
- La sangre de Jesús
- Un camino vivo y nuevo
- Un sumo sacerdote

En respuesta, nos «acercamos» con:

- Corazón sincero
- Plena certidumbre de fe
- Corazones purificados de mala conciencia
- Lavados los cuerpos con agua pura

La sangre derramada de Cristo ha quitado toda necesidad de ser tímidos para acercarnos al Señor. La Palabra dice:

> Acerquémonos, pues, confiadamente al trono de la gracia, para alcanzar misericordia y hallar gracia para el oportuno socorro (Hebreos 4.16).

La sangre derramada de Cristo nos da la confianza, no solamente para acercarnos a Su trono, sino también para alcanzar a los perdidos.

Después de que Cristo regresó a la gloria, los discípulos fueron por todas partes predicando el mensaje de la cruz. Lo proclamaron sin temor y permanecieron incólumes cuando fueron interpelados por los sacerdotes en el templo de Jerusalén.

> Entonces viendo el denuedo de Pedro y de Juan, y sabiendo que eran hombres sin letras y del vulgo, se maravillaban; y les reconocían que habían estado con Jesús (Hechos 4.13).

En la recientemente formada iglesia de Jerusalén, los cristianos oraron por los discípulos con estas palabras:

> Señor[...] concede a tus siervos que con todo denuedo hablen tu palabra, mientras extiendes tu mano para que se hagan sanidades y señales y prodigios mediante el nombre de tu santo Hijo Jesús (Hechos 4.29-30).

Sus oraciones fueron contestadas. «El lugar en que estaban congregados tembló; y todos fueron llenos del Espíritu Santo, y hablaban con denuedo la palabra de Dios» (Hechos 4.31).

De modo que, adelante y no tenga temor en su fe.

> Huye el impío sin que nadie lo persiga;
> Mas el justo está confiado como un león
> (Proverbios 28.1)

Herencia eterna

Cristo derramó Su sangre y llegó a ser el mediador del nuevo pacto para que «los llamados reciban la promesa de la herencia eterna» (Hebreos 9.15).

Lo que Dios prometió no es simplemente para hoy; es para la eternidad. Por esto es que es una herencia *eterna*.

El escritor de Hebreos compara el nuevo pacto con la última voluntad o testamento.

> Porque donde hay testamento, es necesario que intervenga muerte del testador. Porque el testamento con la muerte se confirma; pues no es válido entre tanto que el testador vive (Hebreos 9.16-17).

En otras palabras, la muerte de Jesucristo activó el poder de la sangre que garantizaba nuestra herencia.

Algunas personas tienen la idea de que cuando entremos en el reino de Dios, el Señor va a juzgarnos de acuerdo a cómo hayamos vivido, darnos una mansión de oro y que eso es todo. No. La Biblia dice que nuestra herencia es eterna, queriendo decir que es una posesión continua. Cuando se otorga una recompensa, yo creo que habrá otra. Será como una Navidad que nunca termina.

Las Escrituras nos dicen que: «Cosas que ojo no vio, ni oído oyó, ni han subido en corazón de hombre, son las que Dios ha preparado para los que le aman» (1 Corintios 2.9). Pedro dice que es «una herencia incorruptible, incontaminada e inmarcesible, reservada en los cielos para vosotros» (1 Pedro 1.4). Tengo ansias de llegar a la gloria y ver lo que hay guardado para mí.

Las promesas de la Palabra de Dios tanto del Antiguo como del Nuevo Testamentos son nuestras cuando somos redimidos por la sangre.

> Y si vosotros sois de Cristo, ciertamente linaje de Abraham sois, y herederos según la promesa (Gálatas 3.29).

No merecemos una herencia debido a nuestras obras de justicia, sino que Él «nos salvó, no por obras de justicia que nosotros hubiéramos hecho, sino por su misericordia[...] para que justificados por su gracia, viniésemos a ser herederos conforme a la esperanza de la vida eterna» (Tito 3.5,7).

Demasiadas personas temen que nunca verán su herencia. Eso debe ser debido a que no comprenden la sublime gracia de Dios.

SUBLIME GRACIA

UN día, un hombre conducía su camioneta nueva por una polvorienta carretera de Nuevo México, cuando vio a un peatón, junto al camino, que esperaba que alguien lo llevara en su vehículo. El caminante cargaba sobre sus hombros una maleta muy pesada, y se le veía exhausto por el calor del día.

El conductor detuvo la marcha y le preguntó:

—¿Hacia dónde se dirige?

—A Albuquerque.

—Súbase atrás y lo llevaré hasta allá —le dijo.

Unos pocos kilómetros más adelante, el conductor miró por el espejo retrovisor y se sorprendió al ver al hombre sentado en el piso de la camioneta todavía con la maleta sobre su hombro. ¿Por qué no la deja en el piso?, se preguntó.

Finalmente detuvo la camioneta, se bajó y fue hacia el hombre y le preguntó:

—¿Por qué no descansa y deja su maleta sobre el piso?

—¡Ah! —dijo el hombre—. Es que no quiero dañarle su camioneta nueva.

He conocido a muchos cristianos que son una copia al carbón de aquel hombre. Tienen debajo de sí el vehículo de la salvación, pero todavía siguen llevando sobre sí su propia carga pesada.

Vez tras vez Jesús dice: «Descárgala. Yo la llevaré por ti».

Pero en lugar de hacerlo, se enorgullecen de su propio esfuerzo y le dicen: «No, Señor. Prefiero hacerlo a mi manera».

¿Cómo pueden creer que han sido redimidos por la sangre si están tratando de ganarse el cielo por sus propias obras?

Reglas y regulaciones

Por alguna razón la gente se siente atraída por las obras. No entiendo por qué, pero así es.

Algunas religiones falsas exigen un ritual de oración cinco veces al día. Otras, les dicen a sus adeptos que se purifiquen en las aguas de ríos sagrados o que presenten ofrendas en santuarios recubiertos de oro. El mundo dice: «¡Obras! ¡Obras! ¡Obras!».

Algunas denominaciones empezaron con un derramamiento del Espíritu Santo y del amor de Dios. Sin que pasara mucho tiempo, no obstante, los líderes añadieron obras. El legalismo reemplazó a la presencia del Espíritu Santo.

A la gente en estas iglesias se les dice: «Esto es lo que se requiere para ir al cielo. Si sigues estas reglas, conservarás tu salvación; pero si no, sufrirás las consecuencias».

Y se les da una lista de uno-dos-tres actos externos que deben realizar. Siguen las reglas y regulaciones que les fueron dadas debido a que a los seres humanos, por nuestra propia naturaleza, nos encantan las obras. Erróneamente creemos que es por acciones que se agrada a Dios.

Cuando llegué a ser cristiano me sorprendió ver cuántos en la iglesia estaban atados a rituales y protocolo espiritual. Una vez, una querida hermana me hizo sentar y me dijo: «Joven, ¿sabes que es pecado llevar largo el pelo?». Y me dijo exactamente hasta dónde Dios quería que me recortara el cabello que me llegaba a los hombros.

Muchas personas igualan la santidad con una apariencia externa de piedad, pero es primariamente una obra del corazón. Cuando hemos sido transformados desde adentro, entonces podemos demostrar una vida consistentemente cambiada y transformada.

A algunas personas les lleva una vida entera darse cuenta de que la santidad no es producida por el legalismo. El legalismo es carnal y Dios no tiene ningún deseo de tal cosa. En lugar de eso, «la vida correcta» es el resultado de nuestra respuesta a la gracia del Dios todopoderoso.

No es capacidad nuestra

Después de que conocí al Espíritu Santo en Toronto, pasé muchas horas (algunas veces hasta ocho horas al día) orando y en comunión con el Señor y estudiando Su Palabra. Un día leí un libro sobre Martín Lutero y cómo el Señor le usó para traer el mensaje de justificación por fe a la iglesia de su día. Una porción del libro se enfocaba sobre Gálatas, en donde Pablo habla de cómo ser libertado de la maldición de la ley.

Después de leer esa porción, oí la voz del Señor que le decía a mi espíritu:

—¿Te salvaste a ti mismo? ¿O fue mi sangre la que te salvó?

—Tú me salvaste —respondí.

—¿Tú me escogiste a mí? —preguntó Él.

—No, Señor, tú me escogiste a mí.

—¿Te culpaste tú mismo de pecado?

—No, tú me convenciste de pecado.

—¿Fuiste por tu propia cuenta a la cruz?

—No, Señor, tú me llevaste a la cruz.

Entonces el Señor dijo:

—Debido a que no tuviste nada que hacer para tu salvación, tampoco tienes nada que hacer para conservarte salvo.

En aquel momento me di cuenta de que no hay nada que yo pudiera hacer para merecer el favor de Dios. No es por mi carne, sino por la sangre y gracia de Cristo que la obra se realiza.

Parece que todos nosotros tenemos algo dentro que dice: «Tengo que hacerlo yo mismo». Tal vez es para *probar* algo. Pero, vez tras vez, nos damos cuenta de que en nuestra propia fuerza somos miserables fracasos. Cuando finalmente nos damos por vencidos y decimos: «¡No puedo hacerlo!» hemos dado el primer paso para realmente vivir.

En 1975 estaba ministrando en una conferencia en Brockville, Ontario, en donde David du Plessis también estaba hablando. Lo conocí un día al regresar a mi hotel, después de una reunión. David era un hombre muy callado y a dondequiera que iba siempre llevaba consigo su portafolio. Cuando entramos al ascensor para ir a nuestras habitaciones, debo haber parecido un frijol saltarín a su lado. Casi no podía contener mi emoción debido a que estaba allí completamente solo con este gigante de la fe, y tenía una larga lista de preguntas que quería hacerle.

Muy respetuosamente le dije: «Señor Pentecostés (así era llamado por mucha gente), quiero hacerle una pregunta. Quiero tanto agradar a Dios. Por favor, dígame, ¿cómo puedo agradar a Dios?»

David no respondió. Se quedó muy callado. El ascensor se detuvo, salimos y empezamos a caminar por el pasillo. De repente se detuvo, y me metió un dedo en el pecho empujándome contra la pared. Me miró con ojos penetrantes y dijo: «Ni siquiera lo intentes. No es tu capacidad. Es la suya en ti».

Nunca lo olvidaré mientras viva.

Luego dijo: «Buenas noches», recogió su maletín y se alejó mientras yo me quedé allí parado observándolo. Posteriormente, llegaría a ser un amigo muy entrañable para mí y de gran influencia en mi vida.

Tal vez usted esté batallando y agonizando por vivir la vida cristiana y tratando de agradar a Dios. Quizás siente que no está avanzando a ninguna parte. Como Kathryn Kuhlman solía decir: «¡Deje de bregar, y ríndase». Eso es todo lo que Dios le pide que haga.

En su carta a la iglesia en Efeso Pablo explica cómo recibimos la sublime gracia de Dios. Empieza describiendo dónde estuvimos antes de que vengamos a estar bajo la gracia, y todavía seguíamos los caminos del mundo. Estábamos «muertos« en delitos y pecados (Efesios 2.1), y satisfacíamos los deseos de nuestra naturaleza pecaminosa, «haciendo la voluntad de la carne y de los pensamientos, y éramos por naturaleza hijos de ira» (Efesios 2.3).

Debido a la gran misericordia y amor de Dios por nosotros, «aun estando nosotros muertos en pecados, nos dio vida juntamente con Cristo[...] y juntamente con Él nos resucitó, y asimismo nos hizo sentar en los lugares celestiales con Cristo Jesús» (Efesios 2.5-6).

El cielo será nuestro, no debido a lo que hayamos hecho, sino a «las abundantes riquezas de su gracia en su bondad para con nosotros en Cristo Jesús» (Efesios 2.7). «Porque por gracia sois salvos por medio de la fe; y esto no de vosotros, pues es don de Dios; no por obras, para que nadie se gloríe» (Efesios 2.8-9).

La sangre de Cristo cubre nuestro pecado, y recibimos perdón por medio de la fe debido a la gracia de Dios. Es un mensaje que cada creyente necesita comprender.

No tuvimos nada que hacer para ganarnos la salvación. No tenemos nada que hacer para conservarla. Cada vez que decimos: «Hay algo que debo hacer», Dios dice: «Ya lo hice. Todo lo que necesitas hacer es aceptarlo».

La religión dice: «Haz». Jesús dice: «Hecho».

Cuando Jesús derramó Su sangre en la cruz, dijo: «Consumado es» (Juan 19.30). No dijo: «Continuará». Él es «el primero y el último» (Apocalipsis 1.17), y «el autor y consumador de la fe» (Hebreos 12.2).

Debido a la sangre de la cruz, usted ya no está bajo la ley sino bajo la gracia (Romanos 6.14). Su pasado fue borrado. Está libre de la culpa y tiene victoria sobre satanás.

El Señor le ha provisto de «un mejor pacto, establecido sobre mejores promesas» (Hebreos 8.6). Fue libertado de la culpa y de la condenación debido a que la sangre de Jesucristo fue vertida por su libertad (Romanos 6.18; Gálatas 5.1). Es suya por la gracia de Dios.

Cuando esta verdad penetre en su alma, nunca volverá a preguntar: «¿Habrán sido realmente borrados mis pecados?»

Temor y fe

Muchos cristianos de hoy tienen una imagen distorsionada de Dios.

Desde su niñez se han formado una imagen de un Dios todopoderoso riguroso y austero con centelleantes ojos de acero. Lo ven con un látigo en Su mano, listo para descargarlo sobre ellos cada vez que cometen la más ligera equivocación.

Pero Dios no es nada de eso. Aun cuando ocasionalmente nos castiga por nuestro bien, siempre es gentil, amable y amoroso con Sus hijos.

Me encanta lo que dice el gran himno «Alaba alma mía, al Rey del cielo».

> Como Padre, nos cuida y nos protege
> Bien lo sabe nuestra débil forma,
> En Su mano gentilmente nos lleva,
> Nos rescata de todos nuestros
>   enemigos.[1]

En el mismo himno se dice: «Él es lento para regañar y pronto para bendecir». Eso es exactamente lo que dice el Salmo 103.8:

Misericordioso y clemente es Jehová;

Lento para la ira, y grande en misericordia.

Quienes continuamente se acercan al Señor y le dicen: «Soy inmundo. Soy un fracaso», no saben de qué se trata la gracia de Dios. Cuando usted está ligado a la ley, el foco entero de su vida es el pecado. Sí, necesitamos confesar nuestros pecados a Cristo y pedir perdón, pero hay una gran diferencia entre venir ante Él con temor y entrar a Su presencia con confianza.

Por debajo de nuestra confesión debe haber una tremenda fe de que lo que Él hizo en el Calvario no fue para condenarnos, sino para nuestra libertad. Deje de mirar a sus fracasos y vea la misericordia de Dios. Él no quiere echarle fuera, sino que desea abrazarle y decirle: «Te amo».

Por casi cuatro mil años los hijos de Israel siguieron rituales y sacrificios para expiar sus pecados. Pero su mirada se desvió del Dador de la ley a la ley, y cayeron en esclavitud.

Dios repetidamente los llamó de regreso. Decía: «Lo que importa es el corazón, no las obras. Quiero que ustedes me amen, entonces me obedecerán».

Usted tal vez diga, pensé que el Antiguo Testamento trataba con la ley, no con el amor.

No es así. Moisés les dijo a los israelitas:

Amarás, pues, a Jehová tu Dios, y guardarás sus ordenanzas, sus estatutos, sus decretos y sus mandamientos, todos los días (Deuteronomio 11.1).

Dios dio a Israel una condición para Su promesa de que la tierra sería fructífera para ellos. Esa condición se basaba en el amor no en obras.

> Si obedeciereis cuidadosamente a mis mandamientos que yo os prescribo hoy, *amando a Jehová vuestro Dios,* y sirviéndole con todo vuestro corazón, y con toda vuestra alma, yo daré la lluvia de vuestra tierra a su tiempo, la temprana y la tardía; y recogerás tu grano, tu vino y tu aceite. Daré también hierba en tu campo para tus ganados; y comerás, y te saciarás (Deuteronomio 11.13-15).

Dios enfocó en el amor, no en la ley, por cuanto no era solamente difícil para los hijos de Israel obedecer la ley; era imposible. Porque las Escrituras afirman:

> [...] el hombre no es justificado por las obras de la ley, sino por la fe de Jesucristo,[...] por cuanto por las obras de la ley nadie será justificado (Gálatas 2.16).

Es imposible obedecer la voluntad de Dios con nuestras propias fuerzas. Como mi suegro, Roy Harthern, solía decir: «Vivir la vida cristiana no es difícil; es imposible». Pero Dios envió Su Espíritu Santo a morar en nuestros corazones y capacitarnos para obedecer Sus mandamientos. Dios le dijo a Su pueblo por medio de Ezequiel: «[...] pondré dentro de vosotros mi Espíritu, y haré que andéis en mis estatutos, y guardéis mis preceptos, y los pongáis por obra» (Ezequiel 36.27).

Incluso los primeros cristianos tuvieron que aprender el hecho de que no somos justificados por obras sino por la fe en Dios. En Hechos 15.1 se relata la historia de algunos hombres que «venían de Judea» y «enseñaban a los hermanos: Si no os circuncidáis conforme al rito de Moisés, no podéis ser salvos».

¡Hazlo o muere!

Algunos de los discípulos fueron enviados a Jerusalén para considerar la cuestión. Después de mucho debate, Pedro se puso de pie y dijo:

> Varones hermanos, vosotros sabéis cómo ya hace algún tiempo que Dios escogió que los gentiles oyesen por mi boca la palabra del evangelio y creyesen. Y Dios, que conoce los corazones, les dio testimonio, dándoles el Espíritu Santo, lo mismo que a nosotros; y ninguna diferencia hizo entre nosotros y ellos, purificando por la fe sus corazones (Hechos 15.7-9).

La ley requería la circuncisión, pero todo lo que el nuevo pacto exigía es la fe.

Recuérdese, la ley y las obras siempre se han opuesto a la gracia y a la misericordia.

- La ley dice: «Sigue las reglas». La gracia dice: «Es un don gratuito».

- La ley dice: «Mira tu pecado y vergüenza». La gracia dice: «Dios te acepta como eres».

- La ley produce conciencia de pecado. La gracia nos hace darnos cuenta de la justicia.

- La ley dice: «Hazlo o muere». La gracia dice: «Acepta a Jesús como Salvador, y vive».

La vid y los sarmientos

No es nuestra fuerza lo que produce vida, sino la Suya.

Justo antes de la crucifixión, Jesús cenó con Sus discípulos, y les dio una de las más grandes lecciones que encontramos en los Evangelios. Les dijo que ellos no eran la vid, y que no eran el fruto: eran los *sarmientos*.

Somos una *salida* del poder de Dios, no el poder en sí mismo. Jesús dijo:

> Yo soy la vid verdadera, y mi Padre es el labrador. Todo pámpano que en mí no lleva fruto, lo quitará; y todo aquel que lleva fruto, lo limpiará, para que lleve más fruto. Ya vosotros estáis limpios por la palabra que os he hablado. Permaneced en mí, y yo en vosotros.

Como el pámpano no puede llevar fruto por sí mismo, si no permanece en la vid, así tampoco vosotros, si no permanecéis en mí. Yo soy la vid, vosotros los pámpanos; el que permanece en mí, y yo en él, éste lleva mucho fruto; porque separados de mí nada podéis hacer (Juan 15.1-5).

El propósito de Dios como el «labrador» es mantener limpia la vid. El hecho de podar el pecado no es resultado de nuestro esfuerzo, sino del Suyo. Todo lo que se requiere que hagamos es rendirnos.

Algunos cristianos están batallando queriendo llevar fruto, pero ningún sarmiento tiene el poder para hacer que eso ocurra. Jesús estaba diciendo: «Ustedes no dan fruto. Yo lo produzco. Pero les doy el privilegio de sostenerlo. El fruto es Mío. La vid es Mía. El sarmiento está simplemente unido a Mí. Eso es todo».

Alguien preguntó una vez: «¿Si Dios es quien hace todo el trabajo, entonces, ¿cuál es mi parte?»

«¡Estar pegado a la planta!», repliqué.

La vid suple la vida a las ramas, y la rama tiene el privilegio de sostener el fruto. En efecto, nuestra tarea es convertirnos en «sostenedores del fruto».

Observe cuidadosamente lo qué está unido a la rama. Es el fruto del Espíritu Santo, no de la carne. Llegamos a ser canales por medio de los cuales el amor, el gozo, la paz y otro fruto espiritual se da al mundo (Gálatas 5.22-23).

¿Cuál es el resultado de nuestra relación sarmiento-vid?

Cuando la entendemos y hacemos al Señor la fuente de nuestras vidas, Él contesta nuestras oraciones. Jesús dijo:

Si permanecéis en mí, y mis palabras permanecen en vosotros, pedid todo lo que queréis, y os será hecho (Juan. 15.7).

Nunca olvide que Jesús dijo: «Separados de mí nada podéis hacer« (Juan 15.5). Eso es cierto antes, durante, y después de la salvación.

La vid es fuerte y la rama es débil, pero las ramas son lo que Dios usa para dar fruto al mundo. En las palabras del apóstol Pablo:

[...] lo necio del mundo escogió Dios, para avergonzar a lo sabios; y lo débil del mundo escogió Dios, para avergonzar a lo fuerte; y lo vil del mundo y lo menospreciado escogió Dios, y lo que no es, para deshacer lo que es, a fin de que nadie se jacte en su presencia (1 Corintios 1.27-29).

«En verdad libre»

Sin la sangre de Cristo y la gracia de Dios sería imposible que tengamos la victoria sobre el pecado. Pablo relató lo que es luchar en la carne contra el pecado. «Porque sabemos que la ley es espiritual; mas yo soy carnal, vendido al pecado» (Romanos 7.14). Añadió: «Y yo sé que en mí, esto es, en mi carne, no mora el bien; porque el querer el bien está en mí, pero no el hacerlo» (Romanos 7.18).

Nuestra carne no contiene nada bueno, y nuestra justicia es como trapos de inmundicia (Isaías 64.6). No podemos hacernos lo suficientemente buenos como para agradar a Dios.

Recuerdo haber orado: «Señor, debe haber *algo* que yo pudiera hacer para agradarte».

«Mi más grande placer es cuando me permites a Mí hacer la obra» me dijo.

Una vez oí una historia respecto a un pastor ruso que fue echado en la prisión por los oficiales comunistas, por predicar el evangelio en lo que era la Unión Soviética. No le permitieron a este gran santo de Dios ver a ningún otro ser humano, y le alimentaban pasándole la comida por debajo de la puerta. Años y años pasaron. Y un día el Señor se le apareció en la prisión.

El hombre estaba tan agradecido con el Señor por haber venido a verle.

—¿Hay algo que pudiera darte para agradecerte? —le preguntó.

—No, todo es Mío —respondió el Señor—. No hay nada que pudieras darme.

—Pero, Señor, debe haber algo que pudiera darte para expresar mi gratitud.

—No hay nada que puedas darme —repitió el Señor—. Hasta tu mismo cuerpo me pertenece. Tu misma vida es Mía.

—Oh, por favor, debe haber alguna cosa que pudiera darte —el hombre volvió a preguntar.

—La hay. Dame tus pecados. Eso es todo lo que quiero —dijo el Señor.

Esto es todo lo que Él quiere: nuestra rendición. Le entregamos nuestros pecados porque Él es el único que puede subyugarlos. La Biblia dice:

> ¿Qué Dios como tú, que perdona la maldad, y olvida el pecado del remanente de su heredad? No retuvo para siempre su enojo, porque se deleita en misericordia. Él volverá a tener misericordia de nosotros; sepultará nuestras iniquidades, y echará en lo profundo del mar todos nuestros pecados (Miqueas 7.18-19).

La solución de Pablo a esta lucha con el pecado fue entregarlo a Cristo. Pablo dijo: «Porque la ley del Espíritu de vida en Cristo Jesús me ha librado de la ley del pecado y de la muerte. Porque lo que era imposible para la ley, por cuanto era débil por la carne, Dios, enviando a su Hijo en semejanza de carne de pecado y a causa del pecado, condenó al pecado en la carne; para que la justicia de la ley se cumpliese en nosotros, que no andamos conforme a la carne, sino conforme al Espíritu» (Romanos 8.2-4).

Algunas personas dicen: «He tratado de orar, y he fracasado. He tratado de leer la Palabra, y mi mente divaga. He tratado de librarme de mis malos hábitos, y no puedo».

Vez tras vez dicen: «Señor, lo intentaré una vez más». Y continúan fracasando.

Después de muchos años por fin elevan la única oración que Dios quiere oír: «Señor; no puedo hacerlo. Tú tendrás que hacer la obra». Y finalmente aprenden lo que Filipenses 2.13 realmente quiere decir:

> Dios es el que en vosotros produce así el querer como el hacer, por su buena voluntad.

De súbito son transformados, y encuentran cuán fácil es vivir por Jesús. Jesús dijo: «[...] mi yugo es fácil, y ligera mi carga» (Mateo 11.30).

Al drogadicto el Señor le dice: «¡Deja de tratar de liberarte!» Al alcohólico le dice: «Nunca podrás dejarlo por ti mismo». Al fumador le dice: «Déjame tocarte y darte la libertad».

Jesús dijo:

> [...] todo aquel que hace pecado, esclavo es del pecado. Y el esclavo no queda en la casa para siempre; el hijo sí queda para siempre. Así que, si el Hijo os libertare, seréis verdaderamente libres (Juan 8.34-36).

Santo, recuerde que usted nunca será capaz de resolver sus propios problemas. Las Escrituras dicen que: «No con ejército, ni con fuerza, sino con mi Espíritu, ha dicho Jehová de los ejércitos» (Zacarías 4.6).

Recuerde lo que Kathryn Kuhlman dijo: «¡Deje de luchar y ríndase!»

CATORCE

LA MANO DEL PADRE

RECUERDO haber llevado a caminar por el bosque a mi hija Jessica cuando ella tenía apenas dos años.

Al empezar a subir una pequeña cuesta, la tomé de la mano. No quería que tropezara y se cayera.

La manito de Jessica era demasiado débil para sostenerse de la mía. Ella dependía de mi fuerza que la ayudaría a llegar hasta el final de la cuesta.

147

Entonces el Espíritu Santo me dijo: «¿Quién está sosteniendo tu mano?»

Después de pensarlo, dije: «Tú, Señor».

Cuán cierto es. Todos nosotros somos como mi pequeña Jessica: demasiado débiles para sostenernos de Su mano. Él sostiene nuestras manos.

La Biblia dice: «Porque yo Jehová soy tu Dios, quien te sostiene de tu mano derecha, y te dice: No temas, yo te ayudo» (Isaías 41.13).

El antiguo pacto lo prometió, y también el nuevo. Jesús dijo: «Y yo les doy vida eterna; y no perecerán jamás, ni nadie las arrebatará de mi mano» (Juan 10.28).

La primera vez que leí ese pasaje de las Escrituras, dije: «Gracias, Señor, por sostenerme de la mano».

Algunos años más tarde, estaba estudiando ese pasaje de nuevo, y empecé a alabar al Señor al notar lo que dice el siguiente versículo:

> Mi Padre que me las dio es mayor que todos, y nadie las puede arrebatar de la mano de mi Padre (Juan 10.29).

No sólo es Jesús quien sostiene mi mano. El Padre también la está sosteniendo. Cuando Él lo sostiene a usted, puede estar seguro que nunca le dejará escapar. La única vez en que Jesús dejará que se escape será cuando usted lo aparte a Él.

No sólo el Señor nos sostiene, sino que nos guía en el sendero correcto. Usted es la posesión de

Dios, y Él le protegerá y le sostendrá. El salmista nos dice:

Por Jehová son ordenados los pasos del
  hombre,
Y Él aprueba su camino.
Cuando el hombre cayere, no quedará
  postrado,
Porque Jehová sostiene su mano
  (Salmo 37.23-24).

Porque has librado mi alma de la
  muerte,
Y mis pies de caída,
Para que ande delante de Dios
En la luz de los que viven (Salmo 56.13).

La gracia de Dios no es algo que ocurre en un instante y luego desaparece. Es parte de nuestro proceso de crecimiento. Pedro dijo que debemos crecer «en la gracia y el conocimiento de nuestro Señor y Salvador Jesucristo» (2 Pedro 3.18).

¿Cómo es posible crecer en la gracia? Aprendiendo Su amor, Su paciencia, Su misericordia y que Él nos acepta. El Señor nos dice de mil maneras: «No me daré por vencido con respecto a ti. Te amo y te perdono».

Cuando fallamos, Él se acerca nuevamente y nos toma en Sus brazos. Así es como continuamos creciendo en la gracia.

Gracia y verdad

La Palabra dice que Cristo estaba lleno de gracia y de verdad.

> Y aquel Verbo fue hecho carne, y habitó entre nosotros (y vimos Su gloria, gloria como del unigénito del Padre), lleno de gracia y de verdad (Juan 1.14).

Cristo nos reveló esa gracia y verdad.

> Pues la ley por medio de Moisés fue dada, pero la gracia y la verdad vinieron por medio de Jesucristo (Juan 1.17).

Cuando el Señor enseñaba a un grupo de personas en los atrios del templo de Jerusalén, los fariseos le trajeron una mujer que había sido sorprendida en adulterio. «En la ley nos mandó Moisés apedrear a tales mujeres. Tú, pues, ¿qué dices?» (Juan 8.5).

Jesús ignoró la pregunta de ellos, y se agachó para escribir algo en la tierra con Su dedo. Cuando ellos insistieron en preguntarle, se levantó y dijo: «El que de vosotros esté sin pecado sea el primero en arrojar la piedra contra ella» (Juan 8.7).

Al continuar Él escribiendo en tierra, los críticos empezaron a irse, hasta que quedó solamente Jesús y la mujer. Él se volvió a ella y le preguntó: «Mujer, ¿dónde están los que te acusaban? ¿Ninguno te condenó? Ella dijo: Ninguno, Señor. Entonces Jesús le dijo: Ni yo te condeno; vete, y no peques más» (Juan 8.10-11).

Él dijo: «Ni yo te condeno». Eso es gracia.

«Vete, y no peques más». Eso es verdad.

Ella vio Su gracia y decidió no pecar más. Cuando vemos verdaderamente Su amor y gracia, querremos también seguirle y dejar nuestro pecado.

El Señor nunca nos dice «no peques más» —o que hagamos alguna otra cosa— a menos que Él sepa que podemos hacerlo. Y debido a que Él nos da el poder para obedecer Sus mandamientos, Él sabe que podemos hacerlo. De esta manera, cada mandamiento es realmente una promesa.

Temor y temblor

Cada vez que hablo sobre la gracia de Dios alguien pregunta: «¿No nos dice la Biblia que tenemos que ocuparnos en nuestra salvación?»

Esto es lo que Pablo dijo: «Ocupaos en vuestra salvación con temor y temblor» (Filipenses 2.12). Pero necesitamos mirar al contexto de esa declaración.

> Por tanto, amados míos, como siempre habéis obedecido, no como en mi presencia solamente, sino mucho más ahora en mi ausencia, ocupaos en vuestra salvación con temor y temblor« (Filipenses 2.12).

Sin embargo, ese no es el final de la historia. No es nuestra obra sino la del Señor lo que lo hace posible. El siguiente versículo dice: «Porque Dios

151

es el que en vosotros produce así el querer como el hacer, por su buena voluntad» (Filipenses 2.13).

De modo que la vida cristiana es realmente poner en práctica, o ejercer la salvación que Dios ha provisto; y Él nos da tanto el deseo y la fuerza para hacer lo que le agrada.

Esto es algo maravilloso: Cuando le permitimos a Dios obrar en nosotros, entonces Él nos capacita para obrar Su salvación.

> Porque somos hechura suya, creados en Cristo Jesús para buenas obras, las cuales Dios preparó de antemano para que anduviésemos en ellas (Efesios 2.10).

El Señor no está en contra de nuestros esfuerzos, sino que éstos deben ser producto de Su obra: Su gracia. De hecho, uno de los propósito de Dios para su salvación es que usted viva una vida «sin mancha».

> [...] según nos escogió en Él antes de la fundación del mundo, para que fuésemos santos y sin mancha delante de Él (Efesios 1.4).

Las buenas obras serán el resultado de los que conocen el favor inmerecido de Dios. Y el Señor nos da la voluntad para amarle, obedecerle y servirle. No podemos seguir al Señor si Él primero no nos toca. Jesús dijo: «Ninguno puede venir a mí, si el Padre que me envió no le trajere» (Juan 6.44).

No podemos amarle si el Espíritu Santo no nos da el amor con que debemos amarle.

[...] la esperanza no avergüenza; porque el amor de Dios ha sido derramado en nuestros corazones por el Espíritu Santo que nos fue dado (Romanos 5.5).

Cuando usted experimenta el amor de Dios, usted amará. Cuando usted halla que Él lo acepta a usted, usted aceptará a otros. Cuando usted experimenta que se le da, usted dará.

Todo se reduce a algo muy simple: *Dios lo obra y nosotros lo ponemos en práctica.*

Le dejamos que Él lo ponga dentro para que podamos repartirlo. Primero, cooperamos; luego, respondemos. Pero la Biblia deja bien en claro que no podemos obrar para ganarnos nuestra salvación.

Pero al que obra, no se le cuenta el salario como gracia, sino como deuda; mas al que no obra, sino cree en aquel que justifica al impío, su fe le es contada por justicia (Romanos 4.4-5).

El Señor no nos debe algo debido a que hacemos buenas obras. Él nunca se endeudará con nadie. No decimos: «Lo hice, Señor. Aquí está mi factura». Si obramos algo, no es gracia.

No hay nada en nosotros que siquiera desee a Dios si Dios no pone primero el deseo en nosotros (Juan 6.44). Dios no honra a la persona que dice: «Voy a orar, y voy a lograrlo». Dios dice: «Eso es la carne, y no lo quiero». Dios no acepta obras u oraciones que vienen de la carne.

Dependencia total

Un día, mientras leía el Salmo 119, noté la manera en que David decía: «No puedo hacerlo, Señor. Sólo Tú puedes hacerlo». Empecé a ver en este Salmo su total dependencia en Dios.

Haz bien a tu siervo; que viva,
Y guarde tu palabra (v. 17)
Abre mis ojos, y miraré
Las maravillas de tu ley (v. 18).
Forastero soy yo en la tierra;
No encubras de mí tus mandamientos
    (v. 19).
Aparta de mí el oprobio y el menosprecio,
Porque tus testimonios he guardado
    (v. 22).
Abatida hasta el polvo está mi alma;
Vivifícame según tu palabra (v. 25).
Hazme entender el camino de tus mandamientos,
    mientos,
Para que medite en tus maravillas
    (v. 27).
Aparta de mí el camino de la mentira,
Y en tu misericordia *concédeme tu ley*
    (v. 29).
Por el camino de tus mandamientos
    correré,
Cuando ensanches mi corazón (v. 32).
Enséñame, oh Jehová, el camino de tus
    estatutos,
Y lo guardaré hasta el fin (v. 33).
Dame entendimiento, y guardaré tu ley,

Y la cumpliré de todo corazón (v. 34).
Guíame por la senda de tus mandamien-
   tos,
Porque en ella tengo mi voluntad (v. 35).
Inclina mi corazón a tus testimonios,
Y no a la avaricia (v. 36).
Aparta mis ojos, que no vean la vanidad;
Avívame en tu camino (v. 37).
Confirma tu palabra a tu siervo,
Que te teme (v. 38).
Quita de mí el oprobio que he temido,
Porque buenos son tus juicios (v. 39).
He aquí yo he anhelado tus manda-
   mientos;
Vivifícame en tu justicia (v. 40).
Sea mi corazón íntegro en tus estatutos,
Para que no sea yo avergonzado (v. 80).
Sosténme, y seré salvo,
Y me regocijaré en tus estatutos (v. 117).
Afianza a tu siervo para bien;
No permitas que los soberbios me opri-
   man (v. 122).
Ordena mis pasos con tu palabra,
Y ninguna iniquidad se enseñoree de mí
   (v. 133).

¿Quién hacía la obra? ¿David o el Señor?
Claramente vemos aquí que David estaba diciendo: «Solamente el Señor puede hacerlo». Todo
lo que tenemos que hacer es rendirnos y dejarle
hacer. Así como David, pídale hoy que venga y
obre Su gracia en usted, y diga: Señor, «ordena mis

pasos» para que pueda andar contigo (véase Salmo 119.133).

La verdadera oración es imposible sin la ayuda del Espíritu Santo. Como tantos otros cristianos, yo pensé que podía buscar al Señor por mi propia cuenta hasta que un día leí el Salmo 119.176, que afirma:

> Yo anduve errante como oveja extraviada; busca a tu siervo,
> Porque no me he olvidado de tus mandamientos.

Cuando se trata de buscarle, recuerde que Él nos busca primero. Como A. W. Tozer dijo: «Antes de que un hombre pueda buscar a Dios, Dios debe primero haber buscado al hombre.»[1]

Desde ese día hasta ahora oro diariamente: «Señor Jesús, tócame para que pueda invocarte. Dame la fuerza para buscarte hoy».

David mismo dijo en los salmos: «Vida nos darás, e invocaremos tu nombre» (Salmo 80.18).

No es por lo que usted hace. Es Su gracia.

Una noche oí en un programa cristiano de televisión una asombrosa definición de gracia. Lo que aprendí es el tema de mi próximo capítulo.

QUINCE

SU NUEVA FAMILIA

Una noche estaba viendo un programa cristiano en la televisión. Un predicador enseñaba sobre la gracia. Captó mi atención cuando dijo: «Déjeme decirle lo que realmente es la gracia».

«Supongamos que un hombre tiene un hijo único al que asesinan. El hombre tiene tres opciones: matar al asesino de su hijo, lo cual sería venganza; dejar que la ley lidie con él, lo cual sería justicia; o perdonarlo, adoptarlo y darle el lugar de su hijo. Eso es gracia».

Eso es exactamente lo que Dios hizo cuando lo salvó a usted y me salvó a mí.

Nosotros somos los que pusimos a Su hijo en la cruz. Fue por nuestros pecados e iniquidades que Jesús derramó Su preciosa sangre. Y por Su muerte de sacrificio, cuando nos arrepentimos de nuestros pecados y aceptamos a Jesús como Salvador y Señor, Dios nos perdona. No sólo eso, sino que hemos sido adoptados por la maravillosa familia de Dios.

> Mirad cuál amor nos ha dado el Padre,
> para que seamos llamados hijos de Dios
> (1 Juan 3.1).

Cuán ciertas son las palabras del canto:

> ¡Sublime gracia, cuán dulce es,
> Que salvó a un pecador como yo!
> Yo estaba perdido, pero Él me halló
> Fui ciego, mas la vista me dio.[1]

Tan grande es la gracia del Padre, que Jesús dijo: «Los has amado a ellos como también a mí me has amado» (Juan 17.23).

Y tan grande es Su amor que el Salmo 139.17-18 dice:

> ¡Cuán preciosos me son, oh Dios, tus
> pensamientos!
> ¡Cuán grande es la suma de ellos!
> Si los enumero, se multiplican más que
> la arena;
> Despierto, y aún estoy contigo.

No sólo nos ama, sino piensa en nosotros todo el tiempo. La Biblia dice que Dios nunca nos olvida.

Grabado en Sus manos

En Isaías 49.15-16 el Señor dice:

¿Se olvidará la mujer de lo que dio a luz, para dejar de compadecerse del hijo de su vientre? Aunque olvide ella, yo nunca me olvidaré de ti. He aquí que en las palmas de las manos te tengo esculpida[...]

Esta porción de la Escritura habla de una de las costumbres del Oriente. Cuando una madre tenía que separarse de uno de sus hijos, hacía tatuar el nombre de aquel en su mano. Ella transcurría sus días trabajando con sus manos y las marcas en la palma le recordaban constantemente al hijo que ella amaba y suspiraba por ver.[2]

El Señor piensa en usted con igual frecuencia, y aún más.

Desafortunadamente, algunos no conocen Su amor. Lo aceptaron para escapar del infierno. Lo aceptaron en base al temor. Están buscando escapar del fuego. Los que lo reciben en base al temor siempre están tentados a hacer algo para probar que son realmente salvos. Pero su temor resulta en legalismo fútil y obras inútiles.

Por otro lado, las personas que aceptan a Cristo en base al amor descubren: «No es lo que yo haya hecho, sino lo que Él ha hecho por mí». Ven cuán amante y amoroso es Él.

Cuando usted ve Su amor, no verá derrota. Cuando ve el cielo, no verá el infierno. Cuando ve misericordia, no verá condenación.

La mayoría de las personas han estado en el juzgado por demasiado tiempo. Cada vez que se presentan ante el Señor, se ven como si comparecieran ante el juez. Pero la Palabra dice:

> De cierto, de cierto os digo: El que oye mi palabra, y cree al que me envió, tiene vida eterna; y no vendrá a condenación, mas ha pasado de muerte a vida (Juan 5.24).

Cuando Jesús murió en la cruz, la sentencia de muerte suya fue dejada sin efecto. El Padre se quitó su toga judicial, dejó su mazo y dijo: «Entra en la sala familiar. ¡Ven a casa!»

En lugar de presidir una corte de justicia, lo veo de pie en la sala familiar, esperando que Sus hijos regresen.

Cuando usted se arrepiente y acepta la gracia de Dios, Él lo adopta en Su familia. Dios no le recibió para poder «desadoptarlo» más tarde. Él no le amenaza con echarlo fuera de la familia. El Señor nos hace entrar y nos *retiene* dentro.

No lo merecemos

Hace mucho tiempo el Señor habló por medio del profeta Jeremías, y dijo:

[...] y me serán por pueblo, y yo seré a ellos por Dios. Y les daré un corazón, y un camino, para que me teman perpetuamente, para que tengan bien ellos, y sus hijos después de ellos. Y haré con ellos pacto eterno, que no me volveré atrás de hacerles bien, y pondré mi temor en el corazón de ellos, para que no se aparten de mí (Jeremías 32.38-40).

De cualquier lado que se lo vea, los hijos de Israel deberían haber perecido. Hasta Dios dijo: «[...] los hijos de Israel y los hijos de Judá no han hecho sino lo malo delante de mis ojos desde su juventud[...]» (Jeremías 32.30). Pero Él no les dio lo que se merecían. Los cubrió con Su gracia eterna y los atrajo con Su amor. Hablándole a Israel, Dios dijo:

[...] Con amor eterno te he amado; por tanto, te prolongué mi misericordia (Jeremías 31.3).

Es la misericordia lo que nos guarda del infierno al no darnos *el castigo que merecemos*. Pero la gracia nos lleva al cielo al darnos *la recompensa que no merecemos*.

Por la misericordia de Jehová no hemos sido consumidos, porque nunca decayeron sus misericordias. Nuevas son cada mañana; grande es tu fidelidad (Lamentaciones 3.22-23).

Pablo escribió que «la ley se introdujo para que el pecado abundase; mas cuando el pecado abundó, sobreabundó la gracia» (Romanos 5.20). Agradezco a Dios porque la sangre de Cristo y la gracia de Dios son más poderosas que nuestra iniquidad. Puede haber un desbordamiento de pecado, pero hay un desbordamiento más grande de gracia. Y si usted se ha arrepentido y recibido esta maravillosa gracia de Dios, usted está perdonado y ha descubierto la verdad de 1 Corintios 1.27-29:

> Sino que lo necio del mundo escogió Dios, para avergonzar a los sabios; y lo débil del mundo escogió Dios, para avergonzar a lo fuerte; y lo vil del mundo y lo menospreciado escogió Dios, y lo que no es, para deshacer lo que es, a fin de que nadie se jacte en su presencia.

Sin embargo, algunos dicen: «Dios ayuda a los que se ayudan». Pero esas palabras no se hallan en la Palabra. Cuando usted piensa que es un diosecito que puede resolver todo problema, Dios le deja librado a sus propios recursos. Sólo Cristo puede transformar el corazón del hombre.

La filosofía humanista dice: «Tú eres el amo de tu destino. Tienes el poder para ayudarte ti mismo».

Pero Jesús dice:

> El Espíritu del Señor está sobre mí,
> Por cuanto me ha ungido para dar buenas nuevas a los pobres;
> Me ha enviado a sanar a los quebrantados de corazón;

A pregonar libertad a los cautivos,
Y vista a los ciegos;
A poner en libertad a los oprimidos (Lucas 4.18).

Nosotros somos los pobres, los quebrantados de corazón, los cautivos, los ciegos y los oprimidos. Dios no nos está pidiendo que nos ayudemos nosotros mismos. Él simplemente pide que descansemos completamente en Él. La Biblia no enseña independencia. Proclama *de*pendencia en el Señor.

Cuestión de escoger

Una vez un hombre me preguntó:

—Si Dios lo hace todo, ¿cómo es que se puede escoger?

Es una pregunta válida.

—Antes que usted fuera salvado, ¿buscó al Señor o Él le buscó a usted? —le pregunté.

—Él me buscó —replicó.

—¿Produjo usted la fe para creer? ¿O se la dio Él?

—Él me la dio.

—Pues bien, si Dios hizo todo eso, ¿quién lo guarda ahora? ¿Está guardándose usted mismo? ¿Y quién le llevará al cielo? ¿Puede hacerlo usted mismo? —le pregunté. Finalmente, le dije: —Usted no tiene nada que hacer en todo eso.

—Eso está bien, pero ¿dónde queda la oportunidad de escoger?

—Todo lo que usted necesita es decirle sí a Jesús, y estas cosas serán suyas. Su opción es simplemente aceptar lo que Él ha hecho por usted.

Una gran sonrisa afloró a su cara:

—¡Ya lo veo!

Jesús les dijo a Sus discípulos: «No me elegisteis vosotros a mí, sino que yo os elegí a vosotros» (Juan 15.16).

Pero las Escrituras nos advierten que nunca se debe usar mal la gracia de Dios.

> Así, pues, nosotros, como colaboradores suyos, os exhortamos también a que no recibáis en vano la gracia de Dios (2 Corintios 6.1).

La salvación es nuestra debido a lo que el Señor ha hecho, no debido a nuestra perfección. ¿Qué es lo que produce el fracaso? Cuando dejamos de confiar en Dios y confiamos en nosotros mismos. El profeta Ezequiel dijo:

> Cuando yo dijere al justo: De cierto vivirás, y él confiado en su justicia hiciere iniquidad, todas sus justicias no serán recordadas, sino que morirá por su iniquidad que hizo (Ezequiel 33.13).

Creo que estamos seguros en nuestra salvación, pero podemos arriesgarnos a perder lo que Él nos ha dado. Pedro dijo:

> Ciertamente, si habiéndose ellos escapado de las contaminaciones del mundo, por el conocimiento del Señor y Salva-

dor Jesucristo, enredándose otra vez en ellas son vencidos, su postrer estado viene a ser peor que el primero. Porque mejor les hubiera sido no haber conocido el camino de la justicia, que después de haberlo conocido, volverse atrás del santo mandamiento que les fue dado (2 Pedro 2.20-21).

¿Dónde está el equilibrio? Dios nos escoge pero siempre nos da la opción de responder.

Si alguien se me acerca apuntándome a la cabeza con una pistola y me dice: «¡Niega a Cristo o muere!», yo le diría: «¡Dispare!» ¿Por qué? Porque mi compromiso con Cristo no es temporal; es eterno.

Conocer al Señor no fue para mí una experiencia abrupta. En ese momento me convertí en una persona totalmente nueva. Fue un nacimiento nuevo e instantáneo. Una salvación continua.

¿Cuál debería ser nuestra respuesta al Señor por Sus beneficios eternos? El salmista dijo: «Tomaré la copa de la salvación, e invocaré el nombre de Jehová» (Salmo 116.13).

Clemente es Jehová, y justo;
Sí, misericordioso es nuestro Dios.
Jehová guarda a los sencillos;
Estaba yo postrado, y me salvó.
Vuelve, oh alma mía, a tu reposo,
Porque Jehová te ha hecho bien
    (Salmo 116.5-7).

Esta salvación es incluso mejor de lo que pensamos. Podemos tener completa confianza en que Él concluirá lo que ha empezado... que Él está comprometido a preservarnos (Filipenses 1.6). Pero, ¿cómo podemos saberlo en nuestros corazones? La respuesta yace en comprender el sello del Espíritu Santo.

DIECISÉIS

EL GRAN SELLO

CUANDO somos lavados por Su sangre y limpiados por la Palabra, el Señor pone entonces en nosotros el sello del Espíritu Santo. Pablo escribió:

> En Él también vosotros, habiendo oído la palabra de verdad, el evangelio de vuestra salvación, y habiendo creído en Él, fuisteis sellados con el Espíritu Santo de la promesa, que es las arras de nuestra herencia hasta la redención de la

posesión adquirida, para alabanza de su gloria (Efesios 1.13-14).

Un sello es un símbolo de protección. Dice: «Esto es mío. Sepárelo, y resérvelo para mí. Nadie debe tocarlo porque regresaré para reclamarlo».

El Señor no sella nada que no planee redimir. Y no construye mansiones a menos que esté esperando que nosotros lleguemos a casa (Juan 14.2-3).

Permanecemos sellados hasta que Cristo nos lleve al hogar «para una herencia incorruptible, incontaminada e inmarcesible, reservada en los cielos para vosotros» (1 Pedro 1.4).

La herencia es para quienes son «guardados por el poder de Dios mediante la fe, para alcanzar la salvación que está preparada para ser manifestada en el tiempo postrero» (1 Pedro 1.5).

El sello no será quitado hasta que Su obra final quede completa. Pablo dijo que nosotros «que tenemos las primicias del Espíritu, nosotros también gemimos dentro de nosotros mismos, esperando la adopción, la redención de nuestro cuerpo» (Romanos 8.23).

La obra quedará completa cuando suene la trompeta final.

> [...] y los muertos serán resucitados incorruptibles, y nosotros seremos transformados. Porque es necesario que esto corruptible se vista de incorrupción, y esto mortal se vista de inmortalidad. Y cuando esto corruptible se haya vestido de incorrupción, y esto mortal se haya

vestido de inmortalidad, entonces se cumplirá la palabra que está escrita: Sorbida es la muerte en victoria (1 Corintios 15.52-54).

Setenta veces siete

En tanto y en cuanto acepte lo que la sangre de Cristo ha hecho por usted, ningún poder en la tierra puede romper el sello de Dios (2 Timoteo 1.12).

> Por lo cual estoy seguro de que ni la muerte, ni la vida, ni ángeles, ni principados, ni potestades, ni lo presente, ni lo por venir, ni lo alto, ni lo profundo, ni ninguna otra cosa creada nos podrá separar del amor de Dios, que es en Cristo Jesús Señor nuestro (Romanos 8.38-39).

Tal vez pregunte: ¿Me está diciendo que Dios me ama, a pesar de mí mismo?

Sí. Independientemente de nuestras inconsistencias, Él todavía nos ama. Nos adoptó aun cuando éramos responsables por la muerte de Su Hijo. Y nos da la bienvenida cuando regresamos incluso después de que tropezamos y caemos.

Algunas personas se preocupan: «¿Qué tal si cometo la misma falta vez tras vez? ¿Me perdonará todavía?»

Pedro le hizo a Jesús la misma pregunta.

> [...] Señor, ¿cuántas veces perdonaré a mi hermano que peque contra mí? ¿Has-

ta siete? Jesús le dijo: No te digo hasta siete, sino aun hasta setenta veces siete (Mateo 18.21-22).

La respuesta del Señor no significa que los cristianos pueden vivir en pecado sin arrepentirse y todavía llegar al cielo. Lejos de eso. Los que abusan de la naturaleza perdonadora de Dios nunca han experimentado Su verdadera salvación. Lo que Dios ofrece es más que seguridad eterna: nos da gracia eterna.

Es la gracia transformadora de Dios lo que hace la redención posible y nos prepara para que vivamos vidas santas.

Porque la gracia de Dios se ha manifestado para salvación a todos los hombres, enseñándonos que, renunciando a la impiedad y a los deseos mundanos, vivamos en este siglo sobria, justa y piadosamente, aguardando la esperanza bienaventurada y la manifestación gloriosa de nuestro gran Dios y Salvador Jesucristo, quien se dio a sí mismo por nosotros para redimirnos de toda iniquidad y purificar para sí un pueblo propio, celoso de buenas obras (Tito 2.11-14).

Cuando usted se enfrenta cara a cara con la gracia salvadora de Dios, eso le dará hambre de justicia y santidad.

Debido a la obra concluida del Calvario, Dios envía Su Espíritu Santo para que provea la fuerza para vivir vidas santas. Pablo dijo que nosotros «no andamos conforme a la carne, sino conforme al Espíritu» (Romanos 8.4).

Lo que Dios dijo al profeta Zacarías todavía es cierto:

> [...] No con ejército, ni con fuerza, sino con mi Espíritu, ha dicho Jehová de los ejércitos. ¿Quién eres tú, oh gran monte? Delante de Zorobabel serás reducido a llanura; él sacará la primera piedra con aclamaciones de: Gracia, gracia a ella (Zacarías 4.6-7).

Tal vez enfrente una tentación que parece ser como una montaña que va a aplastarlo. Pero debido al Espíritu del Señor y a Su gracia, usted puede desbaratar la montaña, piedra por piedra.

El poder de la gracia

Con la gracia de Dios viene gran poder.

> Y con gran poder los apóstoles daban testimonio de la resurrección del Señor Jesús, y abundante gracia era sobre todos ellos (Hechos 4.33).

En el libro de los Hechos vemos lo que el poder de Dios logró en los primeros cristianos.

- Recibieron poder y se convirtieron en testigos. «Pero recibiréis poder cuando haya venido sobre vosotros el Espíritu Santo, y me seréis testigos» (Hechos 1.8).

- El Espíritu Santo cambió su forma de hablar. Empezaron a hablar en lenguas desconocidas (Hechos 2.4) y hablaron la palabra de Dios con valentía (Hechos 4.31).

- Su apariencia cambió. Esteban fue el ejemplo más dramático de esto. Cuando el Espíritu Santo vino sobre Esteban mientras lo estaban juzgando, «todos los que estaban sentados en el concilio, al fijar los ojos en él, vieron su rostro como el rostro de un ángel» (Hechos 6.15). Creo que cuando Dios unge a alguna persona, la presencia del Espíritu Santo es evidente para los que están alrededor de esa persona. Hay una apariencia de divino poder y gozo en su cara, un sentido de autoridad en la voz de la persona. Por eso Pedro, cuando iba con Juan, le dijo al cojo: «Míranos» (Hechos 3.4). Cuando el cojo los miró, sabían que él podría ver que el poder de Dios estaba sobre ellos.

Una de las cosas que nunca olvidaré respecto a Kathryn Kuhlman es que cada vez que la unción venía sobre ella sus ojos cambiaban. Había una chispa que brillaba en ellos.

He notado algo a través de los años. Cada vez que la unción deja a un siervo de Dios, la chispa se va; el fuego se va. Recuerdo a un hombre que vino a visitar mi iglesia hace poco. Había sido uno de los más poderosos hombres de Dios en Canadá.

Cuando le miré, no había en él ninguna chispa, no había nada de fuego. La unción se había ido, y su semblante lo mostraba.

- El Espíritu Santo les dio intrepidez. «Entonces viendo el denuedo de Pedro y de Juan, y sabiendo que eran hombres sin letras y del vulgo, se maravillaban» (Hechos 4.13). Ellos no tenían temor, sino una gloriosa valentía para proclamar las buenas nuevas del evangelio.

- El Espíritu Santo cambió sus relaciones. Pedro dijo que era testigo de lo que Jesús había hecho «y también el Espíritu Santo» (Hechos 5.32). Aquí vemos al Espíritu Santo como su compañero y ayudador.

- El Espíritu Santo cambió su posición. Esteban empezó como un ujier en la iglesia (Hechos 6.5), pero terminó siendo un poderoso evangelista (Hechos 6.8-10).

- El Espíritu Santo cambió su visión. «Pero Esteban, lleno del Espíritu Santo, puestos los ojos en el cielo, vio la gloria de Dios, y a Jesús que estaba a la diestra de Dios» (Hechos 7.55).

El gran poder del Espíritu Santo está disponible para nosotros hoy en día debido a que también hemos recibido la «gran gracia» de Dios.

El Espíritu Santo en nuestras vidas es un recordatorio de que Cristo derramó Su sangre y murió, resucitó y ascendió a la diestra del Padre. Jesús mismo les pidió a Sus discípulos que lo recordaran de otra manera especial. Un grupo de creyentes carismáticos me abrió los ojos a un nuevo y rico significado de esta recordación.

LA COMUNIÓN
EN LA COMUNIÓN

Hace un par de años celebré una cruzada en la cual más de doce mil personas se apiñaron en un coliseo para oír la predicación de la Palabra de Dios.

Mientras ministraba desde la plataforma, mis ojos fueron atraídos por un grupo de mujeres, sentadas frente a la multitud, que vestían hábitos largos distintivos.

175

Llamé a estas personas a la plataforma. Eran cuarenta y nueve en total. Me enteré que habían viajado seis horas para asistir a la reunión.

—¿Por qué no viene a visitarnos? —me preguntó su dirigente.

—Me encantaría ir —le dije.

Meses más tarde lo hice. Su plantel se ubica en las colinas de un valle. Ellas mismas habían construido todos los edificios, incluyendo un centro de retiro y una granja en donde criaban sus animales.

Nos sirvieron a mí y a unos pocos amigos que me habían acompañado, una deliciosa cena con pavo que fue completada con legumbres cultivadas por ellas.

Después de la cena, me preguntaron:

—¿Le importaría si le servimos la comunión?

—De ninguna manera. Me encantaría —les dije.

No me di cuenta de que el Señor tenía algo guardado para mí esa noche, que impactaría mi vida grandemente.

Las cuarenta y nueve personas, mis amigos y yo, nos dirigimos a una capilla recientemente construida. Ellas empezaron a alabar al Señor «cantando en el Espíritu» y bendiciendo al Señor alrededor de media hora. Algunas pronunciaron palabras de profecía que me animaron.

En ese momento lloraba de rodillas, porque percibía una tremenda presencia del Señor allí.

Fue una unción como nunca antes había experimentado en un culto de comunión, ni siquiera en mi propia iglesia. Fue una divina, poderosa presencia de Dios que no puedo describir, excepto diciendo: «Jesús entró en aquella habitación».

Justo, cuando concluyeron ese tiempo de adoración, empecé a sentir que mis brazos y pecho se adormecían. No sabía que la líder se había dirigido a la mesa y tomado el pan de la Cena. Leyeron las palabras del apóstol Pablo, de 1 Corintios 11.23:

> Porque yo recibí del Señor lo que también os he enseñado: Que el Señor Jesús, la noche que fue entregado, tomó pan.

Mientra estaba arrodillado y alabando al Señor con mis manos extendidas directamente frente a mí, la dirigente del grupo me puso el pan en la boca.

En ese momento sentí literalmente que me recorría un fuego, y mientras eso ocurría algo más sorprendente estaba sucediendo. Sentí en las puntas de mis dedos algo como un manto: una tela suave y sedosa.

Pensé que tal vez tocaba la vestimenta de alguna de aquellas mujeres, o que mi mente me jugaba una pasada. No estaba seguro de qué se trataba. De modo que abrí mis ojos para ver si alguien se había detenido de pie frente a mí. No había nadie.

Quise asegurarme de que no era solamente un truco de mi mente, de modo que cerré de nuevo mis ojos. En ese momento, por supuesto, lloraba y temblaba. Otra vez sentí el manto. Pensé: *Esto no puede ser*. Abrí mis ojos. No había nadie.

Cerré mis ojos nuevamente, y allí estaba. Todavía podía sentirlo. Empecé a juntar mis manos. Pero no pude hacerlo. No pude juntarlas. Sentí un cuerpo físico allí.

Creo literalmente que estuve arrodillado a los pies de Jesús.

Después del culto de la Cena, no podía dejar de cantar. Toda la noche me sentí como si estuviera flotando. Regresé a mi habitación en el hotel y le pregunté al Señor: «¿Qué fue lo que me ocurrió?» El Señor empezó a abrirme el entendimiento respecto al tema de la comunión.

Cuando tenemos la comunión estamos teniendo comunión con el Señor. Cuando celebramos la Cena del Señor, Él mismo viene.

Quiero referirle a usted lo que el Señor me mostró a través de aquella experiencia y mientras estudiaba la Palabra. En 1 Corintios 10.16 dice:

> La copa de bendición que bendecimos, ¿no es la comunión de la sangre de Cristo? El pan que partimos, ¿no es la comunión del cuerpo de Cristo?

Este versículo dice: «Hay comunión en la comunión». A menudo, cuando tomamos la comunión, no nos damos cuenta de que estamos teniendo comunión con el mismo Señor. No es solamente una práctica debido a la tradición o lo que nos dijeron nuestros padres o madres. Sí, es un recordatorio de lo que Él hizo por nosotros hace dos mil años en el Calvario. Pero al mismo tiempo, ¡es comunión con Él en el presente! Él viene a tener compañerismo con usted como hijo o hija.

Aun cuando había sido cristiano y predicador por muchos años, no fue sino hasta esa noche en aquel retiro que empecé a ver algo nuevo en la comunión. El hecho es que cuando tenemos la comunión, Jesús quiere venir y tener compañerismo con nosotros mientras participamos de «la cena del Señor».

La llamamos la Cena del Señor porque es Su Cena, no la nuestra.

Me encantaría sentir el manto del Señor en la punta de mis dedos cada vez que tomo la comunión. Pero eso no ocurre. Creo que el Señor se me reveló de esa manera especial para enseñarme. Sin embargo, a partir de aquella ocasión, percibo una presencia especial del Señor en mi espíritu cada vez que tomo la comunión.

Ser digno

Estaba tan entusiasmado con mi nueva comprensión respecto a la cena del Señor que quería hacer todo lo que pudiera para conservar «la comunión en la comunión». La advertencia de Pablo en las Escrituras se hizo muy real:

> De manera que cualquiera que comiere este pan o bebiere esta copa del Señor indignamente, será culpado del cuerpo y de la sangre del Señor (1 Corintios 11.27).

¿Por qué le decía esto a la iglesia en Corinto? ¿Qué cosa haría que convirtieran la comunión con el Señor en una ceremonia vacía? El apóstol Pablo da cinco razones:

1. Había divisiones entre ellos. «Pues en primer lugar, cuando os reunís como iglesia, oigo que hay entre vosotros divisiones; y en parte lo creo» (1 Corintios 11.18).

2. *Había enseñanzas heréticas en la iglesia.* «Porque es preciso que entre vosotros haya disensiones, para que se hagan manifiestos entre vosotros los que son aprobados» (1 Corintios 11.19).

3. *Vemos egoísmo en esta iglesia.* «Porque al comer, cada uno se adelanta a tomar su propia cena; y uno tiene hambre, y otro se embriaga» (1 Corintios 11.21).

4. *Menospreciaban la casa de Dios.* «Pues qué, ¿no tenéis casas en que comáis y bebáis? ¿O menospreciáis la iglesia de Dios...?» (1 Corintios 11.22).

5. *Eran arrogantes y menospreciaban a otros.* «... Y avergonzáis a los que no tienen nada?» (1 Corintios 11.22).

Cuando Pablo advirtió sobre la celebración de la cena del Señor de manera indigna, estaba hablando de los pecados que había en la iglesia en

Corinto. Algunos de sus pecados ¡se cometían incluso en la mesa del Señor!

Pablo dijo que muchos de los corintios estaban «enfermos y debilitados» y algunos hasta habían muerto debido a su falta de discernimiento. Eso es algo negativo. Pero, en igual forma, si participamos dignamente, creo que será salud y fortaleza, antes que debilidad y enfermedad. Pablo continúa:

> Si, pues, nos examinásemos a nosotros mismos, no seríamos juzgados; mas siendo juzgados, somos castigados por el Señor, para que no seamos condenados con el mundo (1 Corintios 11.31-32).

Si nos juzgáramos nosotros mismos, entonces Dios no tendría que juzgarnos. Pero si Él en efecto juzga, solamente lo hace por causa de nuestra redención. En el Salmo 32 vemos ambas clases de juicios: cómo Dios juzga al hombre y cómo el hombre se juzga a sí mismo.

Escuche la manera en que David se describe a sí mismo mientras «calló»; en otras palabras, mientras no se juzgaba a sí mismo ni confesaba su pecado.

> Mientras callé, se envejecieron mis
> huesos
> En mi gemir todo el día (Salmos 32.3).

Aquí vemos que mientras él no confesaba su pecado, su cuerpo físico fue afectado. Recuerde que Pablo dijo: «Por lo cual [participar indignamente en la comunión] hay muchos enfermos y debilitados entre vosotros» (1 Corintios 11.30).

Dios con frecuencia nos juzga al retirar de nosotros el sentido de Su presencia. Vivir sin la presencia del Señor es como la sequedad del verano sin lluvia.

> De día y de noche se agravó sobre mí tu
> mano;
> Se volvió mi verdor en sequedades de
> verano (Salmos 32.4).

Y así, ¿cómo podemos volver al favor del Señor? David demuestra lo que hay que hacer.

> Mi pecado te declaré, y no encubrí mi
> iniquidad.
> Dije: Confesaré mis transgresiones a
> Jehová;
> Y tú perdonaste la maldad de mi pecado
> (Salmos 32.5).

Hablando de David, el Señor dijo que era «un varón conforme a su corazón» (1 Samuel 13.14). ¿Por qué? Porque David buscaba al Señor.

Cuando el profeta Samuel le dijo a Saúl que Dios lo había desechado, Saúl le pidió perdón a Samuel (1 Samuel 15.24). Cuando el profeta Natán confrontó a David por haberle robado la mujer a otro hombre, no encuentra a David diciendo: «Perdóname, Natán» (véase 2 Samuel 12). Más bien dijo: «Ten piedad de mí, oh Dios» (Salmos 51.1).

La gran diferencia entre David y Saúl era esta: Saúl buscaba perdón; David buscaba al que perdona.

David buscó a Dios y le pidió que le perdonara. Nosotros también debemos confesar nuestros pecados al Señor. Cuando reconocemos nuestras transgresiones ante él, entonces la Biblia dice: «Tú perdonaste la maldad de mi pecado» (Salmo 32.5).

Asombrosamente, la Biblia llama piadosos a quienes confiesan sus pecados.

> Por esto orará a ti todo santo en el tiempo
> en que puedas ser hallado (Salmo 32.6).

Mire cómo cambió la relación de David a Dios después de que él confesó su pecado. David escribió:

> Tú eres mi refugio; me guardarás de la
>   angustia;
> Con cánticos de liberación me rodearás
>   (Salmo 32.7).

Así vemos la manera en que Dios responde cuando nos arrepentimos.

Pablo declara que debemos juzgarnos a nosotros mismos antes de participar de la cena del Señor. ¿Cómo nos juzgamos a nosotros mismos? Confesando nuestros pecados. Y, ¿cuál es el resultado? La comunión con el Señor es restaurada.

¿Qué recordamos?

Cuando Jesús estaba celebrando su primera comunión con Sus discípulos, les dijo: «Haced esto en memoria de mí». ¿Qué debemos recordar cuando venimos a la mesa del Señor?

Primero, querido santo, sé que usted agradece a Dios porque Jesús murió en su lugar para libertarlo de las consecuencias de sus pecados. Pero Él hizo tantas otras cosas por usted en la cruz.

La Biblia declara que Jesús sufrió rechazo y conoció el dolor por usted y por mí.

> Despreciado y desechado entre los hombres, varón de dolores, experimentado en quebranto[...] (Isaías 53.3).

En la cruz Jesús cargó con nuestros pecados y las consecuencias de ellos.

> Ciertamente llevó Él nuestras enfermedades, y sufrió nuestros dolores[...] (Isaías 53.4).

La palabra *enfermedades* es la traducción de la palabra hebrea *colii* que quiere decir «débil, enfermo o afligido». Por cierto que Él ha llevado nuestras debilidades, enfermedades y aflicciones. La palabra hebrea que se traduce *dolores* es *macób*, que significa «dolor o sufrimiento».

Las Escrituras son claras: Jesús no solamente murió para quitar nuestros pecados; murió para quitarnos nuestras enfermedades. El Nuevo Testamento confirma este hecho en Mateo 8.16-17.

> Y cuando llegó la noche, trajeron a él muchos endemoniados; y con la palabra

echó fuera a los demonios, y sanó a todos los enfermos; para que se cumpliese
lo dicho por el profeta Isaías, cuando
dijo: El mismo tomó nuestras enfermedades, y llevó nuestras dolencias.

Mateo se refería a Isaías 53.4, que nos habla de
que Cristo fue azotado, herido y abatido.

De modo que Jesús murió no solamente para
quitarle sus pecados, sino también para quitarle
sus enfermedades.

Creo que el salmista hablaba proféticamente de
los beneficios de la cruz cuando escribió el Salmo
103.

Bendice, alma mía, a Jehová,
Y no olvides ninguno de sus beneficios
  (Salmo 103.2).

¿Por qué no debemos olvidarnos de Sus beneficios? Creo que cuando se olvida de lo que Dios ha
hecho por usted, él se entristece. El salmista dijo
de los hijos de Israel:

Y volvían, y tentaban a Dios,
Y provocaban al Santo de Israel.
No se acordaron de su mano,
Del día que los redimió de la angustia
  (Salmo 78.41-42).

Para Dios es importante que recuerde lo que Él
ha hecho por usted. Por eso es que celebramos la
cena del Señor: para recordar las buenas cosas que

Él ha hecho por nosotros por medio de la cruz. Y allí están en el Salmo 103:

- «Él es quien perdona todas tus iniquidades» (Salmo 103.3). Todos sus pecados son lavados; todos sus pecados son perdonados. Todo lo que tiene que hacer es arrepentirse y recibirle como su Salvador.

- «El que sana todas tus dolencias» (v. 3). Estoy tan contento de que este versículo no dice: «El que perdonó» o «el que sanó». Dice: «El que perdona»: tiempo presente y «que sana»: tiempo presente. Él todavía perdona; todavía sana.

- «El que rescata del hoyo tu vida» (v. 4).

- «El que te corona de favores y misericordias» (v. 4).

- «El que sacia de bien tu boca» (v. 5). La Biblia dice que Dios lo sacia a usted con buenas cosas. Él nunca da cosas malas; siempre da cosas buenas. Como dice mi amigo Oral Roberts: «Dios es un Dios bueno».

- «De modo que te rejuvenezcas como el águila» (v. 5). Cuando conocemos Sus beneficios, Él nos rejuvenece.

- «Jehová es el que hace justicia Y derecho a todos los que padecen violencia» (v. 6). Debido a la cruz, se nos defiende del opresor.

Quiero participar a usted otro beneficio de la cruz, que el Señor me mostró hace muchos años. Me ha bendecido grandemente.

Entrar hasta la sala del trono

Pablo nos dice en Filipenses 2.5-8 algo maravilloso respecto a lo que Jesús ha hecho por nosotros. Jesús dio siete «pasos» al descender de Su trono celestial hasta la cruz.

1. «El cual, siendo en forma de Dios, no estimó el ser igual a Dios como cosa a que aferrarse» (v. 6),

2. «sino que se despojó a sí mismo» (v. 7),

3. «tomando forma de siervo» (v. 7),

4. «hecho semejante a los hombres» (v. 7);

5. «Y estando en la condición de hombre» (v. 8),

6. «se humilló a sí mismo» (v. 8),

7. «haciéndose obediente hasta la muerte, y muerte de cruz» (v. 8).

Y, según leemos en Filipenses 2.9-11, Dios dio siete «pasos» para restaurar a Jesús a Su trono con Él.

1. «Por lo cual Dios también le exaltó hasta lo sumo» (v. 9),

2. «y le dio un nombre que es sobre todo nombre» (v. 9),

3. «para que en el nombre de Jesús se doble toda rodilla» (v. 10),

4. «de los que están en los cielos» (v. 10),

5. «y en la tierra» (v. 10),

6. «y debajo de la tierra» (v. 10);

7. «y toda lengua confiese que Jesucristo es el Señor, para gloria de Dios Padre» (v. 11).

En el libro de Hebreos, las Escrituras declaran que después de que el Señor Jesús purgó nuestros pecados «se sentó a la diestra de la Majestad en las alturas» (Hebreos 1.3). Sentarse quiere decir trabajo terminado; la diestra, habla de poder. Jesús recibió toda autoridad y todo poder. «Majestad en las alturas», habla de que Él es el Rey de reyes y Señor de señores.

Debido a que Él está en ese trono, la Biblia dice que tenemos «libertad para entrar en el Lugar Santísimo por la sangre de Jesucristo« (Hebreos 10.19). Jesús fue *del trono a la cruz* para salvarnos. Y *de la cruz al trono* para convertirse en nuestro sumo sacerdote y habilitarnos para entrar a la presencia de Dios.

Siempre que usted celebre la cena del Señor, recuerde que es debido a la sangre de Jesucristo que podemos tener comunión con Dios. Y cada vez que recordemos lo que Él ha hecho por nosotros cuando Su cuerpo fue partido y Su sangre vertida, entonces la presencia de Dios descenderá.

He experimentado que mediante la sangre de Jesús siempre viene la unción de Dios: no solamente a mi vida privada, personal, de oración, sino incluso durante los cultos de la iglesia y en los grandes cultos de milagros.

Nunca dirijo un culto sin agradecerle por la sangre. Y cada vez que lo hago, la presencia de Dios desciende y ocurren milagros. En el antiguo pacto, Dios respondía con fuego cuando la sangre era ofrecida en el altar. Lo mismo ocurre hoy en día. Cuando se honra la sangre de Jesús, cuando se honra la cruz, el Espíritu Santo viene y toca las vidas de las personas.

Oro porque la presencia del Espíritu Santo llegue a ser grande en su vida como resultado de haber leído este libro. Y oro porque su amor por el Señor crezca hasta aquel día glorioso cuando usted le vea cara a cara.

NOTAS

Apertura del libro

1. R. A. Torrey, *How to Obtain Fullness of Power* [Cómo obtener la plenitud de poder], Fleming H. Revell Company, Tarrytown, NY, 1897; Sword of the Lord Publishers, Murfreesboro, TN, n. f., p. 19.

Capítulo 1

1. Maxwell Whyte, *The Power of the Blood* [El poder de la sangre], Whitaker House, Springdale, PA, 1973, pp. 87-88, 90.
2. Ibid., p. 23.

Capítulo 3

1. Véase *The Bethany Parallel Commentary* [Comentario paralelo Betania], Bethany House Publishers, Minneapolis, MN, 1985, comentarios por Jamieson, Fausset, Brown y Adam Clarke sobre Génesis 3.21.
2. H. Clay Trumbull, *The Blood Covenant* [El pacto de sangre], Impact Books, Kirkwood, MO, 1975, pp. 18-20.

Capítulo 6

1. Torrey, *Fullness of Power* [Plenitud del poder], p. 60.
2. Ibid.
3. *The Best of E. M. Bounds on Prayer* [Lo mejor de E.M. Bounds sobre la oración], Baker Book House, Grand Rapids, MI, 1981, p. 27.

Capítulo 7

1. David Alsobrook, *The Precious Blood* [La sangre preciosa], David Alsobrook Ministries, Paducah, KY, 1977, pp. 50-58.
2. *New Bible Dictionary* [Nuevo Diccionario Bíblico], ed. J. D. Douglas; Tyndale House, Wheaton, IL, 1987, véase plantas.

Capítulo 8

1. Derek Prince, *The Spirit-Filled Believer's Handbook* [Manual del creyente lleno del Espíritu], Creation House, Orlando, FL, 1993, p. 251.

2. Andrés Murray, *The Power of the Blood* [El poder de la sangre], Christian Literature Crusade, Fort Washington, PA, 1984, p. 28.

3. Billy Graham, *Revival in Our Time* [Avivamiento en nuestro tiempo], Van Kampen Press, Wheaton, IL, 1950, p. 119.

Capítulo 9

1. Alsobrook, *The Precious Blood* [La sangre preciosa], pp. 60-68.

2. *The International Standard Bible Encyclopedia* [Enciclopedia bíblica estándar internacional], Grand Rapids, MI. Wm. B. Eerdmans Publishing Co., Grand Rapids, MI, 1982, véase zapatos, sandalia por David M. Howard.

Capítulo 10

1. Torrey, *Fullness of Power* [Plenitud de poder], p. 23-24.

2. Ibid., p. 24.

3. Del cántico «Hay poder en la sangre», texto y música en inglés de Lewis Jones.

Capítulo 11

1. Del cántico «Alaba mi alma, el Rey del cielo», letra en inglés de Henry F. Lyte, música de John Goos. Adaptado del Salmo 103.

Capítulo 14

1. A. W. Tozer, *The Pursuit of God* [La búsqueda de Dios], Christian Publications, Inc., Harrisburg, PA, 1948, p. 11.

Capítulo 15

1. Del himno «Sublime gracia», letra en inglés de John Newton.

2. Bárbara Bowen, *Strange Scriptures That Perplex the Western Mind* [Porciones bíblicas extrañas que dejan perpleja a la mente occidental], Wm. B. Eerdmans Publishing Co., Grand Rapids, MI, 1985, p. 36.

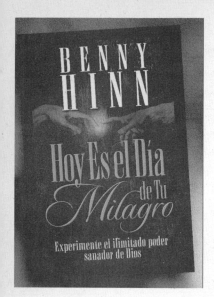